Woher stammt eigentlich die Spruchweisheit »Geld stinkt nicht«? Warum sahen die Kinobesucher in den 50er Jahren nicht die Originalfassung von »Casablanca«? Wie groß war Napoleon wirklich? Welche verrückte Idee hatte der bayerische Märchenkönig Ludwig II., um den Bau seiner Traumschlösser zu finanzieren? Und wie sah eigentlich für die berühmten Seefahrer und Eroberer der Alltag an Bord ihrer Schiffe aus? Nach dem großen TV-Erfolg von »Pilawas Großes Geschichtsquiz« präsentiert Deutschlands beliebtester Fernsehmoderator nun in 14 reich bebilderten Kapiteln Kurioses und Wissenswertes, das so in keinem Geschichtsbuch steht. Von den alten Römern über Friedrich den Großen bis hin zum deutschen Wirtschaftswunder entsteht so ein buntes und lebendiges Bild unserer Vergangenheit.

Alle vom Geschichtsunterricht Gequälten können aufatmen: Es geht nicht um endlose Zahlenkolonnen, nicht um »Fakten, Fakten, Fakten«, sondern um interessante Alltagsgeschichten, Anekdoten und Zitate, die einen Einblick gewähren, wie Menschen früher gelebt, welche Leidenschaften sie entwickelt, aber auch welche Nöte sie erlitten haben: Geschichte mit Leben gefüllt.

Jörg Pilawa, 1965 in Hamburg geboren, studierte Medizin und Geschichte. Schon während des Studiums begann er für Hörfunk und Fernsehen zu arbeiten. Seit 2001 moderiert er im Vorabendprogramm der Ersten ›Das Quiz mit Jörg Pilawa‹. Jörg Pilawa ist einer der meistbeschäftigten und beliebtesten Moderatoren des deutschen Fernsehens.

Tillmann Bendikowski, geboren 1965, Dr. phil., Historiker und Journalist, leitet die »Medienagentur Geschichte« in Hamburg. Er realisiert wissenschaftliche Forschungsprojekte, konzipiert historische Ausstellungen, schreibt als Autor für verschiedene Medien und betreut historische Produktionen für Hörfunk und Fernsehen – zuletzt ›Pilawas Großes Geschichts-Quiz‹.

JÖRG PILAWA
mit Tillmann Bendikowski

Pilawas Zeitreise

Rätselhaftes und Überraschendes
aus unserer Geschichte

Fischer Taschenbuch Verlag

Veröffentlicht im Fischer Taschenbuch Verlag,
einem Unternehmen der S. Fischer Verlag GmbH,
Frankfurt am Main, Dezember 2008

Lizenzausgabe mit freundlicher Genehmigung
des Verlags Kiepenheuer & Witsch
© 2007 by Verlag Kiepenheuer & Witsch, Köln
Druck und Bindung: CPI – Clausen & Bosse, Leck
Printed in Germany
ISBN 978-3-596-18252-7

Unsere Adresse im Internet: www.fischerverlage.de

Inhalt

Vorwort

»Du Papa, gab es schon mal einen Mann, der Bundeskanzler war?«

Diese geniale Frage habe ich neulich im Supermarkt aufgeschnappt. Gestellt hat sie ein etwa siebenjähriges Mädchen. Geschichte ist eben immer und überall, auch zwischen Tilsiter und Gouda an der Käsetheke.

Bleibt die Frage, wie diese junge Dame in den kommenden Jahren die Geschichte der deutschen Bundeskanzler »erlernen« wird: Wird sie Gerhard Schröder nur als Kanzler der Agenda 2010 kennenlernen, oder auch als ersten Medienkanzler mit dem natürlich-dunklen Haupthaar, der juristische Schritte gegen die Veröffentlichung der Behauptung androhte, sein Haar sei gefärbt? Wird Helmut Kohl für sie lediglich der verdiente Kanzler der Wiedervereinigung sein, oder auch der erste Regierungschef Deutschlands, der zum Gegenstand von Witz, Satire und Parodie wurde? (Ich höre heute noch den empörten Aufschrei meiner Eltern, als die berühmte Kohl-Birne das Titelblatt der Satirezeitschrift Titanic schmückte.) Wird ihr Konrad Adenauer nur als erster Kanzler der Bundesrepublik Deutschland in Erinnerung bleiben, der am 15. September 1949 mit einer Stimme Mehrheit, nämlich seiner eigenen, gewählt wurde? Oder wird sie sich auch an seine Erfindungen und Patente erinnern können?

Warum stellen sich bei so vielen Menschen die Nackenhaare auf, wenn es um Geschichte geht? Sicher, für viele bestand der Geschichtsunterricht aus dem Memorieren von historischen Zahlenreihen, nach dem Motto »333 – bei Issos Keilerei« oder »753 – Rom kroch aus dem Ei«. Geschichte als Faktenfach – da muss der Lernstoff tot erscheinen.

Was hatte ich hingegen für ein Glück mit meinem Geschichtsunterricht. Noch heute klingt mir der Satz von Herrn Kögler, meinem Geschichtslehrer, im Ohr: »Geschichte müsst ihr fühlen und riechen!« Und er hat Wort gehalten, hat uns in seinem Unterricht Geschichte wirklich spüren lassen. Ich sehe mich noch mit selbstgeschneidertem Kostüm beim Mittelalterfest als Scholar durch die Lüneburger Altstadt ziehen. Wir haben unter freiem Himmel auf Strohballen übernachtet, auf Marktplätzen Reden geschwungen und um Almosen bettelnd vor der Kirche campiert. Nach drei Tagen als umherziehender Student fühlt man das Mittelalter ganz anders. Und man riecht es. An sich selbst und auch an allen Mitstreitern. Bis heute bin ich dankbar, auf so lebendige Weise Vergangenes erfahren zu haben.

Begeistert haben mich auch immer die Momente, in denen man spürt, dass die Vergangenheit ein Teil unserer Gegenwart ist. Ende der 80er Jahre erfüllte ich mir einen kleinen Wunsch und ging während eines Aufenthalts in Kairo frühmorgens ins ägyptische Museum. Voller Ehrfurcht betrat ich kurz nach Öffnung des Museums diese Stätte einer über 4000-jährigen Geschichte, diese Halle voll mit in Stein gemeißelten Hieroglyphen, Statuen und Sarkophagen. Links am Rand stand ein Pharaonenthron. In meiner Phantasie konnte ich auf diesem Sitz Ramses II., Hatschepsut oder Tutanchamun Hof halten sehen. Aber in Wirklichkeit thronte dort damals eine auf ihren Wischmob gestützte, tief in ihren Schlaf versunkene Putzfrau – ein anrührender Anblick. Berührungsängste mit der Geschichte hatte diese Frau offensichtlich nicht.

Ich würde mich freuen, wenn Sie Spaß beim Lesen der kleinen Geschichten der Geschichte haben, hier und da schmunzeln und staunen, oder sich einfach trauen, Fragen wie das Mädchen an der Käsetheke zu stellen.

Jörg Pilawa, Oktober 2007

Kaiserin Sissi

01

Die schönste Frau Europas und ihre Geheimnisse

Kaiserin Sissi (1837–1898) zählt zu den legendären Gestalten unserer Geschichte. Schon ihren Zeitgenossen galt sie als schönste Frau Europas, doch zugleich wusste man, dass sie sich am kaiserlichen Hof immer auch als Außenseiterin fühlte. Elisabeth Amalie Eugenie – so ihr vollständiger Name –, Kaiserin von Österreich und Königin von Ungarn, wurde hierzulande ein halbes Jahrhundert nach ihrem Tod zugleich eine unvergessene Leinwandfigur. Dafür sorgte Romy Schneider, die gemeinsam mit dem stets königlichen Karlheinz Böhm an ihrer Seite zwischen 1955 und 1957 in drei Sissi-Filmen das deutsche Kinopublikum verzauberte.

Ihren Auftritten verdanken wir es allerdings auch, dass in der Erinnerung der Deutschen die historische Gestalt und die Filmfigur zu einer Person verschmolzen sind. Umso schwieriger also, Wahrheit und Legende auseinanderzuhalten. Oder?

Kaiserin Elisabeth in voller Pracht, fotografiert 1867

Welcher Leidenschaft ging Sissi nach?

a) Sie hatte ihr eigenes Fitness-Studio

b) Sie leitete einen Kindergarten

c) Sie machte eine Militärausbildung

Die Kaiserin war schon in jungen Jahren für ihr eigensinniges Verhalten bekannt – sie setzte oft genug ihren Willen durch, auch wenn sie dabei mit den Konventionen ihrer Zeit brechen musste. Eben deshalb kritisierten sie viele zu Lebzeiten als Exzentrikerin. Ein Vorwurf übrigens, den die Monarchin vermutlich eher als Auszeichnung denn als Tadel verstanden haben dürfte. Gleichwohl: Sie übernahm nie die Leitung eines Kindergartens (vielmehr litt sie sehr darunter, dass sie ihre eigenen Kinder weitgehend der Schwiegermutter zur Erziehung überlassen musste). Und auch eine Militärausbildung mit Drill und Schießübungen ließ die Regentin niemals über sich ergehen.

Richtig ist vielmehr, dass Sissi sich eigene »Turnzimmer« einrichten ließ, die aus heutiger Sicht wohl treffender als Fitness-Studios zu bezeichnen sind. In der Wiener Hofburg mussten für ihre täglichen Turnübungen eine Sprossenwand, ein Reck sowie ein Paar Ringe installiert werden. Und auch in den übrigen von ihr bewohnten Schlössern wurden entsprechende Turnräume eingerichtet. Ihre Motive waren denen heutiger gestresster Führungskräfte nicht unähnlich: Elisabeth setzte auf körperliche Fitness, um den psychischen Anspannungen des Alltags zu begegnen.

Was heute selbstverständlich ist, war damals indes schlicht skandalös: eine Frau, die an Geräten turnte! Und dann auch noch eine Kaiserin! Aber die Herrscherin, die schon als Kind auffallend sportlich war, ließ sich nicht beirren; die körperliche Ertüchtigung zählte fest zu ihrem Tagesprogramm: Nach dem

Aufstehen (im Sommer gegen fünf Uhr, im Winter gegen sechs Uhr) folgten nach kaltem Bad und Massage regelmäßig Turnen und Gymnastik. An diesen täglichen Turnstunden hielt sie eisern fest. Und das nicht nur in jüngeren Jahren: Als sie erstmals Gelenkschmerzen bekam, drosselte sie keineswegs ihr Fitnessprogramm, sondern zwang sich ganz im Gegenteil immer öfter zu den oft stundenlangen gymnastischen Übungen. Das mochte für sie zuweilen quälend gewesen sein, doch dann und wann hatte sie auch ihren sehr speziellen Spaß daran: Noch bis ins höhere Alter hinein liebte sie es nämlich, ahnungslose Besucher mit gymnastischen Übungen regelrecht zu schockieren.

Sportliches in der Wiener Hofburg: An diesen Ringen und Sprossen hielt sich die Kaiserin mit großem Eifer in Form.

»Ich traf sie gerade, wie sie sich an den Handringen erhob. Sie trug ein schwarzes Seidenkleid mit langer Schleppe von herrlichen langen Straußenfedern umsäumt. Ich hatte sie noch nie so pompös gekleidet ge-

sehen. Auf den Stricken hängend, machte sie einen phantastischen Eindruck, wie ein Wesen zwischen Schlange und Vogel.«

(ein befreundeter Besucher, 1892 – die Kaiserin war zu diesem Zeitpunkt immerhin schon 54 Jahre alt!)

Das körperliche Training war für Sissi Teil ihrer höchst individuellen Körperpflege, der ihr Drang nach »natürlicher Schönheit« zugrunde lag. Dabei mutete sie ihrem Körper allerdings über weite Strecken zu viel zu. In Stress- und Krisensituationen verweigerte sie eine ausreichende Nahrungsaufnahme. Unter anderem dieser Lebensstil führte dazu, dass sie – bei einer Größe von 1,72 Meter (damit war sie sogar etwas größer als der kaiserliche Gemahl!) und einem Durchschnittsgewicht von weniger als fünfzig Kilogramm – ihr Leben lang tendenziell eher untergewichtig war. Für sie machte das ständige Hungern durchaus Sinn, schließlich blieb sie bis ins hohe Alter wunschgemäß gertenschlank. Ihre schmale Taille – angeblich sagenhafte fünfzig Zentimeter – unterstrich sie noch dadurch, dass sie sich stark schnürte, wobei sie die häufige Atemnot als Preis der Schönheit in Kauf nahm.

Für ihre Schönheit ließ sich Ihre Majestät immer wieder etwas Neues einfallen. Schließlich hatte sie diese seit ihrer Jugend gepflegt – viele sprechen deshalb davon, dass sich ihre sagenhafte Schönheit erst langsam entwickelt habe. Wenn man so will: Sissi wurde immer schöner, je älter sie wurde. In ihrer frühen Jugend galt sie als »nicht schön genug«, um an den europäischen Höfen als gute Partie gehandelt zu werden. Doch mit ihrer Wiener Zeit wurde sie immer mehr zu jenem »Wunder der Schönheit«, von dem die Zeitgenossen schwärmten. Für dieses »Wunder« tat Sissi indes alles – sie soll es etwa mit nächtlichen Gesichtsmasken aus rohem Kalbfleisch oder im Sommer auch schon einmal mit einer Erdbeermaske probiert haben. Vermeintliche oder tatsächliche Schönheitsfehler versuchte sie verzweifelt zu verbergen – etwa ihre Zähne, die nicht ihren

Vorstellungen entsprachen. Dieses Manko verunsicherte sie so sehr, dass sie beim Sprechen die Lippen so wenig wie möglich öffnete.

> *»Die Kaiserin ist, wie ich Dir schon öfter erzählte, ein Wunder der Schönheit – hoch und schlank, wunderschön geformt, mit einer Fülle von hellbraunem Haar, einer niederen griechischen Stirn, sanften Augen, sehr rothen Lippen mit süßem Lächeln, einer leisen, wohlklingenden Stimme, und theils schüchternem, theils sehr graziösem Benehmen.«*
>
> (der amerikanische Gesandte in Wien 1864 in einem Brief an seine Mutter)

Auch wenn – und vielleicht gerade weil – sich die Monarchin mit Hungern und Fitnessübungen quälte, sie war und blieb ihr Leben lang körperlich höchst leistungsfähig. Besonders beliebt bei ihr (und ebenso gefürchtet bei den betroffenen Mitgliedern des Hofes) waren die gewaltigen Fußmärsche. Die Kaiserin konnte durchaus einmal zur Befriedigung ihres Bewegungsdranges bis zu neun Stunden bei Wind und Wetter unterwegs sein. Einige potenzielle Hofdamen sollen bei dieser Gelegenheit auf ihre Marschfähigkeit getestet worden sein – ein »Einstellungsgespräch« unter erschwerten Bedingungen sozusagen.

Teil ihrer Körperertüchtigung war auch das Reiten, das seit Kindestagen eine ihrer größten Leidenschaften war. Angesichts des Temperaments der Kaiserin überrascht es nicht, dass sie dabei immer seltener das gemächliche Ausreiten im Sinn hatte. In ihren Ställen standen bald schon ausgesuchte Pferde, und die eigentliche Herausforderung fand sie, als sie das Reiten als Extremsport entdeckte. Mutig und geschickt zeigte sie sich zunächst bei wilden Parforcejagden in Ungarn, übrigens immer im vorgeschriebenen Damensattel, was eine doppelte Leistung darstellte. Doch auf dem Kontinent wurde es der begeisterten

Reiterin bald zu langweilig. Sie zog es nach England, wo sie an halsbrecherischen Jagden teilnahm und die beteiligte Männerwelt in Staunen versetzte.

Ein Schnappschuss um 1880: Die Kaiserin hoch zu Ross – und verbirgt sich vor dem neugierigen Fotografen noch rasch hinter ihrem Fächer.

Kaiserin Elisabeths Liebe zu sportlichen Auftritten, ihre wilde Reiterei wie die Übungen in ihren Turnzimmern quittierten die Mitglieder des Hofes und die öffentliche Meinung mit ziemlicher Verwunderung. Denn für die Monarchin galt, was im 19. Jahrhundert für alle Frauen galt: Dass sie »Sport« trieben, war für die meisten Männer etwas völlig Ungewohntes. Dabei waren diese Jahrzehnte die Zeit des Aufbruchs zu einer neuen weiblichen Sportlichkeit: Gerade das Turnen wurde für Mädchen immer stärker als geeignetes Mittel der Körperertüchtigung gepriesen. Auch wenn die Gegner immer wieder über die vermeintlichen Schäden solcher Übungen klagten und sich in Spott und Gelächter ergingen, so begeisterten sich vor allem wohlhabende Töchter und Frauen immer mehr für den Sport – dabei zunehmend für Schwimmen und Tennis. Und bald mach-

14

ten erste Vereine weitere Disziplinen für Frauen populär, neben dem Geräteturnen etwa auch das Radfahren. Und wenn die Männer sich auch noch so sehr ärgerten: Ab 1900 nahmen Frauen an den Olympischen Spielen teil.

Kaiserin Elisabeth achtete bei aller Sportlichkeit aber stets darauf, dass ihre Frisur tadellos in Ordnung war. Denn mit ihrem dichten, kastanienbraunen Haar trieb sie einen regelrechten Kult. Bis zu drei Stunden täglich verbrachte sie mit der Pflege und Bändigung ihrer Haarpracht. Kein Wunder, möchte man meinen, bei der Länge: Die Haare reichten ihr bis zu den Füßen. Unter den Händen ihrer Lieblingsfriseurin – von der Kaiserin gleichermaßen geliebt wie fürstlich entlohnt – wurde das Haar zu langen Zöpfen geflochten und schließlich zu einer kunstvollen Haarkrone gesteckt. So aufwendig ihre kunstvolle Steckfrisur war, so zeitraubend war auch die Haarwäsche: Diese wurde mit Hilfe kostbarer Essenzen alle drei Wochen vorgenommen – und dauerte den ganzen Tag. Ausgefallene Haare ließ sich Sissi von ihren Bediensteten auf einem silbernen Tablett vorlegen: Sie beäugte sie kritisch, ob es sich womöglich um Vorboten eines drohenden Haarausfalls handeln könnte.

> *»Ich bin die Sklavin meiner Haare.«*
> (Sissi gegenüber ihrem Griechischlehrer, 1891)

> *»An meinen Haaren möcht' ich sterben*
> *Des Lebens ganze, volle Kraft,*
> *Des Blutes reinsten, besten Saft*
> *Den Flechten möcht' ich dies vererben.«*
> (Sissi im Oktober 1887)

Elisabeth unternahm also die unterschiedlichsten Versuche, ihren Körper nach ihren Vorstellungen zu formen. Gepaart mit ihrem Drang für ungewöhnliche Auftritte sorgte sie damit bei Hofe immer wieder für Aufregung. So auch im Jahr 1888. Genauer: am 3. Dezember 1888. Es war der Tag, an dem die Verlobung

Eine Frau
und ihre Haare –
hier eindrucksvoll
ins Bild gesetzt auf
einem Gemälde von 1864.

ihrer Tochter Valerie bekanntgegeben werden sollte, die Kaiserin
hatte dafür einen Empfang angesetzt. Stunden vor dem glanzvollen Ereignis saßen Mutter und Tochter einträchtig beieinan-
der, Valerie – dem Tag angemessen – weinte vor Glück. Da betrat
der Kaiser den Raum, die Tochter beschrieb diese Situation in
ihrem Tagebuch: »Wir redeten noch von alledem, als Papa ein-

16

trat und mich fragte, ob ich wohl schon über die furchtbare Überraschung geweint habe.« Eine furchtbare Überraschung am Wiener Hofe? Im Zusammenhang mit Sissi? Was kann dies gewesen sein?

Mit welchem Geheimnis schockierte Sissi ihre Familie?

a) Sie ließ sich ein Tattoo stechen

b) Sie ließ Aktfotografien von sich machen

c) Sie brachte ihren Liebhaber zum Essen mit

Die Geschichte mit dem Liebhaber wurde zwar immer wieder kolportiert: Während ihrer Reitaufenthalte in England 1876 sowie 1878 bis 1881 wurden Gerüchte um ein angebliches Verhältnis mit dem schottischen Offizier Bay Middleton laut, der als einer der besten Reiter Englands galt. Doch es war und blieb Tratsch, der allerdings Sissi den Aufenthalt in England dermaßen verleidete, dass sie ihn 1881 entnervt abbrach. Also ein Liebhaber war es nicht, mit dem Sissi 1888 ihre Familie schockierte. Und mögliche Aktfotografien waren es auch nicht – solche hat es nie gegeben.

Tatsächlich war es der auf den ersten Blick unglaubliche Umstand, dass sich die Kaiserin eine Tätowierung machen ließ. Es geschah im Jahr 1888, als sich die Kaiserin zu einer Reise nach Griechenland und Kleinasien aufmachte. Vermutlich sah sie zahlreiche Tätowierungen auf dieser Schiffsreise – denn schließlich waren diese Verschönerungen vor allem bei Seeleuten verbreitet, die diese gerne als Andenken von ihren Südseefahrten mit nach Europa brachten. Sissi, die selbst die Seefahrt liebte und auch dem hohen Seegang seinen Reiz abgewinnen konnte, verfiel vielleicht gerade deshalb auf ein maritimes Motiv: Sie wählte als eigenen Hautschmuck einen Anker – und ließ ihn sich auf die Schulter tätowieren. Leider – aber irgendwie ja verständlicherweise – wurde von diesem Körperschmuck der Kaiserin nie eine Fotografie angefertigt.

Aus damaliger Sicht war dieser Vorgang in mehrfacher Hinsicht erstaunlich: Eine Kaiserin mit einer Tätowierung – und das im reifen Alter von fünfzig Jahren. Wie notierte doch Tochter Valerie in ihrem Tagebuch, als sie mit ihrer Mutter gerade über ihre anstehende Verlobung sprach? »Wir redeten noch von alledem, als Papa eintrat und mich fragte, ob ich wohl schon über die furchtbare Überraschung geweint habe, dass sich nämlich Mama einen Anker auf die Schulter einbrennen ließ, was ich sehr originell und gar nicht so entsetzlich finde.« Während der Herr Papa also schockiert auf das Neue reagierte, erfreute sich das Töchterchen an ihrer modischen und experimentierfreudigen Mutter – Familiensituationen, wie sie sich heute noch abspielen können …

Doch auch wenn im Herrscherhause in Wien die Überraschung groß gewesen sein mag – längst waren die Tattoos zu diesem Zeitpunkt kein exklusiver Schmuck für Matrosen mehr. Genau das Gegenteil war der Fall: In der zweiten Hälfte des 19. Jahrhunderts erlebte die Tätowierung in Europa eine regelrechte Blüte, wie sie wohl nur mit der Modewelle in den letzten Jahren unserer Gegenwart zu vergleichen ist. Von einer regelrechten »Tätowierungswut« war zuweilen die Rede.

> »Gelegentlich entsteht eine Art epidemischer Manie, sich so ›verzieren‹ zu lassen. Wir haben es noch in letzter Zeit erlebt, daß im Passage-Panopticum feine Damen sich vor den Tischen birmanischer Tättowirer drängten, um sich Zeichen in die Haut einstoßen zu lassen.«
>
> (Beobachtung des Arztes und Politikers Rudolph von Virchow, 1897)

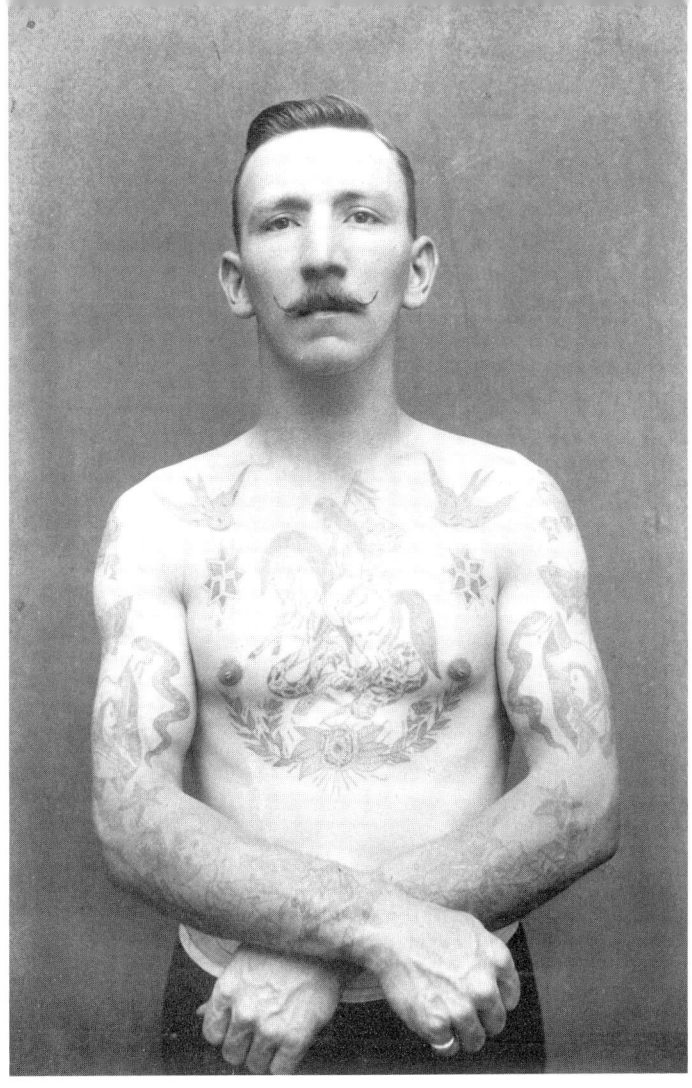

Ein englischer Soldat zeigt einem Fotografen um 1900 stolz seine Tätowierungen.

Der einst so exotische Körperschmuck war bald dermaßen verbreitet, dass sich Zeitgenossen zu den – vermutlich etwas übereifrigen – Schätzungen verleiten ließen, dass bis zu zwanzig Prozent der Gesamtbevölkerung tätowiert waren. Das waren zunächst einmal – zumindest aus Sicht einer kaiserlichen Familie – die niederen Leute: Seeleute vor allem und Hafenarbeiter, Soldaten ebenso wie wandernde Handwerksburschen und selbstverständlich die Jahrmarktsleute.

Doch die Tätowierung hatte die Schiffe, die Hafenspelunken oder Jahrmärkte längst verlassen und die prächtigen Schlösser der Reichen und Mächtigen erreicht. Im europäischen Adel wurde das Tattoo ebenfalls chic: Frauen wie Männer nahezu aller europäischen Fürstenhäuser ließen sich tätowieren – selbst im deutschen Kaiserhaus. Zum Kreis der solchermaßen Verzierten gehörten: der König von Griechenland, Prinz Heinrich von Preußen sowie die meisten Mitglieder des englischen Königshauses. Und auch Kronprinz Rudolf von Österreich war tätowiert, also der Sohn Kaiserin Sissis. Deshalb erscheint die Bestürzung des Kaisers über Sissis Tätowierung zwar einerseits verständlich, weil er die Kaiserin an seiner Seite dann doch nicht dergestalt verziert sehen wollte, andererseits dürfte selbst dem österreichischen Monarchen diese neue Mode nicht unbekannt gewesen sein.

> »Erzherzog Franz Ferdinand war auf der rechten Hüfte tätowiert, und zwar mit einer Ibisschlange, die in Ägypten als Schutzsymbol gilt. Dieselbe Tätowierung hatte auch Kronprinz Rudolf über dem Herzen, doch war der Schlangenkopf nach innen statt nach außen gerichtet.«
> (der Journalist Egon Erwin Kisch in seiner Reportage »Meine Tätowierungen«)

Dass sich Elisabeth tätowieren ließ, war also für den Kaiser ein ärgerlicher Zwischenfall – dass sie sich mit den Jahren indes häufiger als Dichterin betätigte, erschien ihm weniger gefährlich. Allerdings nahm er diese Ambitionen seiner Frau nicht besonders ernst. Er zeigte sich zwar nachsichtig gegenüber dieser

Vorliebe, konnte aber mit ihren Gedichten wohl so recht nichts anfangen.

Sissi war es allerdings zunehmend ernst mit ihren Dichtungen, vor allem wenn es um einen Dichter ging, den sie glühend verehrte, dem sie sich sogar seelisch eng verbunden fühlte. Sie sammelte seine Bücher und konnte zahlreiche seiner Verse auswendig. Und ihrer Tochter verriet sie sogar, dass dieser Dichter »immer und überall mit mir ist«. Um ihrer Verehrung schließlich auch öffentlich Ausdruck zu verleihen, wollte die Kaiserin ihrem Lieblingsdichter schließlich ein weithin sichtbares Denkmal setzen. Nach einem ziemlich öffentlichen Wirbel um dieses Vorhaben, bei dem Elisabeth letztlich eine politische wie persönliche Niederlage erlitt, ließ sie auf ihrem Privatgrundstück ein eigenes Denkmal erbauen, das dann eine höchst eigentümliche Geschichte erleben sollte ...

Welchem Schriftsteller errichtete Sissi ein Denkmal – das nach ihrem Tod auf abenteuerliche Reise ging?

a) Hoffmann von Fallersleben

b) Heinrich Heine

c) Karl May

Ob Kaiserin Sissi wirklich einmal in Karl Mays »Winnetou« oder »Durchs wilde Kurdistan« reingeschaut hat, wissen wir nicht – aber sicher wäre es nicht der Geschmack der Kaiserin gewesen. Dass sie indes von Hoffmann von Fallersleben gehört hat, dürfen wir allerdings begründet vermuten. Doch sicher hätte die Monarchin dem Verfasser des »Deutschlandliedes« kein Denkmal setzen wollen. Tatsächlich galt ihre grenzenlose Verehrung dem Dichter und politischen Publizisten Heinrich Heine, der in der deutschsprachigen Öffentlichkeit gleichermaßen bewundert wie abgelehnt wurde.

Kaiserin Elisabeth war eine grenzenlose Verehrerin Heines. »Jedes Wort, jeder Buchstabe, was nur von Heine vorkommt, ist ein Juwel«, erklärte sie ihrer Tochter. Und ihre vermeintliche Seelenverwandtschaft führte so weit, dass sie sogar glaubte, mit ihrem schon lange toten »Meister« Heinrich Heine spirituell verbunden zu sein. In ihren eigenen Gedichten versuchte Sissi, ihrem großen Vorbild nachzueifern. Sie verfasste zahlreiche Verse, in denen sie die großen Themen dieser Welt aufgriff – aber auch solche, in denen sie sich mit ihrer direkten Umwelt ironisch auseinandersetzte. Sie karikierte gerne ihre Mitmenschen und skizzierte deren Schwächen. Beispielsweise verspottete sie die Erzherzogin Maria Karoline, die jüngere Schwester ihres späteren Schwiegersohns Erzherzog Franz Salvator, wenig vornehm als »wasserscheues Schwein«. Der Rahmen dazu: ein Gedicht über eine Feuerwehrübung – ein Thema, das man sicherlich nicht aus der Feder einer Kaiserin erwartet hätte ...

»Feuerwehr-Probe

Die Alarmsignale blasen,
Feuerspritzen sieht man rasen;
Das Theater als Object
Wurde heute angesteckt.

Aus den langen Kautschukschläuchen
Die empor zum Dache reichen,
Spritzt das Wasser frisch und hell,
Wie ein klarer Alpenquell.

Oberm Dache sich vereinend,
In dem Sonnenglanze scheinend,
Ist dies Sturzbad hübsch zu seh'n;
Viele Gaffer es umsteh'n.

Hätt' ich eine Wünschelrute,
Müsst' jetzt Karolin', die Gute,
Dieses wasserscheue Schwein,
Mitten auf dem Dache sein.«
(Sissi in einem Gedicht, 1887)

Diese Verse blieben indes Geheimsache, Sissi zeigte sie keineswegs bei Hofe herum. Ihre Verehrung für Heinrich Heine hingegen war bald über einen engeren Kreis hinaus bekannt. Dass sie zu einer öffentlichen Angelegenheit wurde, dafür sorgte die Monarchin selbst. Denn als Heines Heimatstadt Düsseldorf dem Dichter ein Denkmal setzen wollte, verfasste Sissi einen lyrischen Unterstützungsaufruf. Aber sie förderte das Vorhaben nicht nur mit wohlfeilen Worten, sie spendete selbst die Summe von 12.950 Mark. Es war die Hälfte der veranschlagten Kosten für die Umsetzung des Vorschlags eines Berliner Bildhauers.

»Dem Meister wird sein Standbild nun gesetzt,
Dem Dichter all des Lieblichen und Schönen,
Das heute noch des Menschen Herz ergötzt. –
Es will die Nachwelt Ihm den Dank nun geben,
Ihm, dessen goldne Lieder ewig leben.«
(Sissi in ihrem Aufruf für ein Heine-Denkmal in Düsseldorf)

Doch Sissis Begeisterung teilten zu jener Zeit nicht alle: Bis zum Berliner Hof reichten die antisemitischen Vorbehalte gegen Heinrich Heine – so nahmen die Düsseldorfer Stadtväter schließlich von dem Vorhaben Abstand. Und Sissis öffentliches Engagement für den Dichter war kläglich gescheitert. Doch Sissi wollte von der Idee eines Heine-Denkmals nicht lassen. Wenn es nicht in Düsseldorf stehen durfte, so mag die Kaiserin gedacht haben, dann soll es eben an einem gastfreundlicheren Ort stehen. Es sollte ein Fleckchen sein, das sie besonders schätzte: ihre Villa

Denkmal für den verehrten Heinrich Heine auf der griechischen Insel Korfu

auf Korfu. Und so ließ sie dort schließlich vom dänischen Bildhauer Louis Hasselriis ein eigenes Heine-Denkmal errichten.

Doch ihre Nachwelt sollte es nicht gut mit dem Denkmal ihres Lieblingsdichters meinen: Im Jahr 1907, also neun Jahre nach Sissis Tod, erwarb der deutsche Kaiser Wilhelm II. die Villa – und damit auch das Heine-Denkmal. Und der neue Besitzer schien nichts Eiligeres zu tun gehabt zu haben, als das Denkmal wegschaffen zu lassen. Damit begann die abenteuerliche Reise dieses privaten Denkmals. Einige Zeit darauf rettete es der Verleger Campe, der es im Hof seines Verlagshauses in Hamburg auf eigene Kosten aufstellen ließ. Um das Denkmal Jahrzehnte später vor der Zerstörung durch die Nazis zu retten, wurde es dann 1939 ins französische Toulon gebracht. Dort steht die Heine-Statue heute noch – im Stadtgarten. Die meisten Bürger der Stadt werden wohl kaum wissen, wie und warum sie zu dieser Statue gekommen sind. Wenn man so will, ist es ein Gruß der Kaiserin von Österreich.

Diese zog sich in den letzten Jahren ihres Lebens immer mehr zurück. Die inzwischen zuweilen lebensüberdrüssige und depressive Monarchin floh immer öfter »vor der Welt«, wie es in einem ihrer Gedichte heißt. Nicht entfliehen konnte sie dem plötzlichen Ende: Am 10. September 1898 wurde die 60-Jährige am Ufer des Genfer Sees von einem italienischen Anarchisten niedergestochen und tödlich verwundet.

»Ich fliehe vor der Welt sammt ihren Freuden,
Und ihre Menschen stehen mir heut' fern;
Es sind ihr Glück mir fremd und ihre Leiden;
Ich stehe einsam, wie auf and'rem Stern.«

(Sissi in ihrem Gedicht »An die Zukunfts-Seelen«, 1887)

Kaiserin Sissi war eine schillernde Figur: ihre Schönheit schon zu Lebzeiten legendär, ihr Leiden an ihrer Rolle und den Konventionen ihrer Zeit ebenso offenkundig wie ihr ständiges mutiges Bemühen, diesen Konventionen ihr eigenes Lebensglück entgegenzusetzen. Das machte diese Herrscherin so faszinierend. Und sicher ist: Sissi hatte mehr Geheimnisse zu verbergen, als Romy Schneider uns in ihren Filmen je vermuten ließ ...

Tipps zum Weiterlesen:

Brigitte Hamann: Elisabeth. Kaiserin wider Willen, München 2005. Die derzeit beste Biographie über Sissi, glänzend erzählt und historisch präzise.

Lisbeth Exner: Elisabeth von Österreich, Reinbek 2004. Etwas für die eiligere Lektüre – eine knappe, aber durchaus verlässliche Darstellung.

Im alten Rom

02

Massenveranstaltungen und Verkehrsbehinderungen

Alle Wege führen nach Rom – auch in der Geschichte. Die Stadt war Jahrhunderte das Zentrum des Römischen Reiches. Hier liefen die Fäden der Macht zusammen, hier wurde Politik gemacht, deren Folgen die Menschen in ganz Europa zu spüren bekamen. In Erinnerung geblieben sind uns vor allem die prunkvollen Seiten dieser Zeit: die großen Herrscher, ihre glanzvollen Siege und schließlich das ausschweifende Leben in Rom – Gelage, Triumphzüge, Gladiatorenkämpfe.

Das alte Rom war nicht nur für damalige Verhältnisse eine riesige Metropole. Ein Modell zeigt das Gewirr von Straßen, durch das sich Menschen und Fuhrwerke aller Art quälten.

Ohne Frage, das alles war Rom. Aber die Stadt war zugleich mehr, nämlich eine Metropole mit Problemen, die auch heutige Städte kennen. Die großen Massenveranstaltungen, aber auch der normale Alltag sorgten dafür, dass sich in den Straßen der Stadt das Leben zusammenballte. So wissen wir, dass die Luft über Rom atemberaubend dreckig war, hinzu kam der Gestank aus Färbereien und Gerbereien – kurzum: Der Römer als solcher litt an seiner Stadt, wie es Millionen Städter heute auf aller Welt auch tun. Deshalb musste zuweilen die Obrigkeit eingreifen. Auch Julius Cäsar, der sich insbesondere durch die Verkehrsprobleme der Stadt herausgefordert sah ...

> **Wie versuchte Cäsar, das Verkehrschaos in Roms Innenstadt in den Griff zu bekommen?**
>
> a) mit Fußgängertunneln durch die Kanalisation
>
> b) mit einer verkehrsberuhigten Zone
>
> c) mit Schülerlotsen an Kreuzungen

Die Kanalisation im alten Rom ist ja berühmt – hierfür wurden die offenen Abwasserkanäle zunehmend unter die Erde verlegt. Der älteste und bedeutendste dieser großen Kanäle, mit dem vor allem die sumpfigen Gelände zwischen den Hügeln der Stadt trockengelegt wurden, hieß übrigens treffend »Cloaca Maxima«. Niemand hatte die Absicht, diesen oder andere Kanäle als Fußgängertunnel zur Behebung des Verkehrschaos zu benutzen. Auch auf die Idee mit den Schülerlotsen kamen die Römer nicht – sie ist deutlich jünger und stammt aus den USA, bevor sie in den 1950er Jahren auch in Deutschland in die Tat umgesetzt wurde. Tatsächlich wurde in der Innenstadt Roms eine verkehrsberuhigte Zone eingeführt, in der zeitweise nur Fußgänger unterwegs sein durften, während Fahrzeuge aller Art draußen bleiben mussten.

Verkehrsberuhigungskonzepte für Innenstädte – heute eine Selbstverständlichkeit – sind also keine Erfindung der automobilen Gesellschaft. Es war im Jahr 45 v. Chr., als sich Julius Cäsar genötigt sah, endlich dem Lärm und dem Gedränge auf den Straßen seiner Stadt etwas entgegenzusetzen: In einer für alle Städte des Römischen Reichs gültigen Gemeindeverordnung verhängte er ein eingeschränktes Fahrverbot. Speziell in der Hauptstadt, in der zu diesem Zeitpunkt bereits eine Million Menschen lebten, war der Zustand längst unerträglich geworden. Täglich quälten sich Menschenmassen und Fuhrwerke aller Art durch die meist engen Gassen – und oft genügte ein kleines Hindernis, um selbst als Fußgänger in nervenaufreibende Staus zu geraten.

Um hier Abhilfe zu schaffen, durften für zehn Stunden – von Sonnenaufgang bis zum späten Nachmittag – im innerstädtischen Bereich keine Fahrzeuge verkehren. Roms City wurde also zu einer großen Fußgängerzone. Wer fortan aus größerer Entfernung tagsüber nach Rom kam, musste an den Stadttoren aussteigen und zu Fuß weitergehen. Öffentliche Verkehrsmittel waren schließlich noch völlig unbekannt. Wer allerdings genug Geld hatte, konnte es sich ein wenig bequemer machen und eine Sänfte kommen lassen. Diese waren vom Verbot nicht betroffen, und auch für einige andere Verkehrsteilnehmer gab es Ausnahmen: für die Müllabfuhr oder für bestimmte Baufahrzeuge und selbstverständlich auch für alle Wagen eines möglichen Triumphzuges. Wäre ja noch schöner, wenn ein Cäsar bei solch einer Siegesparade hätte zu Fuß gehen müssen ...

Die Verkehrsberuhigung hatte übrigens auch unangenehme Folgen für die Bürger der Stadt: Nun holperten nämlich umso mehr Wagen in der Nacht durch die Straßen, weshalb sich viele Menschen über den »Krach der Räder« beschwerten. Unter Schlafstörungen dürften allerdings vor allem die ärmeren Städter gelitten haben. Die Reichen hatten ihre Häuser ja so bauen lassen, dass sich die Fenster zum Innenhof öffnen ließen; dicke Außenmauern und ein großer Garten schirmten sie wirkungsvoll vom Lärm der Straßen ab. Und trotz des Fahrverbots war und blieb Rom überfüllt. Für die meisten Römer war ja ohnehin selbstverständlich, zu Fuß zu gehen. In den Städten konnten die wenigsten von ihnen auf Verkehrsmittel zurückgreifen – ja selbst auf den Fernverkehrsstraßen waren Reisende zu Fuß ein vollkommen normaler Anblick.

Das ist ein zünftiger Triumphzug: Dieser Kupferstich aus dem 17. Jahrhundert zeigt den siegreichen Cäsar, der sogar zwei Elefanten durch die Straßen Roms treibt.

»Sosehr wir uns auch beeilen, so steht uns doch eine Menschenmenge im Wege, während ein dichter Haufen uns von hinten drängt; einer stößt mich mit dem Ellenbogen, ein anderer mit einer harten Latte; mit dem Balken haut mir an den Schädel der eine, mit

30

einem Ölfass ein anderer. Mit Schlamm beschmutzt
sind meine Beine, bald bekomme ich Fußtritte von
allen Seiten, und der Nagel eines Soldatenstiefels
bleibt mir in der Zehe stecken.«

(Beschwerde des römischen Dichters Juvenal)

Wenn wir an die Fußgängerzone denken, so war Rom also schon zu Cäsars Zeiten eine erstaunlich moderne Stadt. Da mag es nicht verwundern, dass es weitere Errungenschaften gab, die wir heute als modern bezeichnen würden ...

Was kannte man im Römischen Reich zu Zeiten von Julius Cäsar?

a) Pizza mit Tomatenbelag

b) Graffiti an Häuserwänden

c) Blitzableiter an hohen Gebäuden

Nun, Rom kannte damals schon vieles – aber sicher noch nicht die Tomaten. Die stammen nämlich aus Südamerika und wurden in Europa erst nach der Entdeckung Amerikas eingeführt, also erst im 16. Jahrhundert. Und auch der Blitzableiter war keine Errungenschaft der Römer: Der wurde 1752 vom Amerikaner Benjamin Franklin erfunden (in Deutschland wurde übrigens 1769 auf dem Jacobi-Kirchturm in Hamburg der erste Blitzableiter installiert). Tatsächlich war es so, dass das alte Rom schon Graffiti kannte – und wie heute ärgerten sich schon damals die Hausbesitzer darüber.

Überall in der römischen Welt wurde auf Wände und Säulen gemalt und geschrieben – und zwar mit allem, was man so in die Hand bekommen konnte: mit einem Schreibgriffel etwa (aus

Eisen oder Bronze), gerne aber auch mit Kreide, Kohle oder einem Eisennagel. Bei den Menschenmassen, die sich tags und nachts durch Rom drängten, fand sich dabei immer ein passendes Thema für eine rasche Inschrift: ein Liebesschwur, aber auch Beleidigungen oder schlichte Kritzeleien ohne erkennbaren Sinn und Verstand. Zuweilen ritzte ein begeisterter Besucher eines Gladiatorenkampfes nach einem Sieg seines Helden den Namen in eine Säule, dann wiederum erleichterte sich ein betrunkener Nachtschwärmer mit einem anzüglichen Vers an der nächstgelegenen Wand.

>>*Albanus ist ein Wüstling!*<<

>>*Felix [hat hier] mit Fortuna geschlafen!*<<

>>*Wir haben ins Bett gepinkelt. Ich geb's zu, Wirt, das war nicht fein! Fragst du, warum? Es war kein Nachttopf da!*<<
(Graffiti aus Pompeji)

Bei so vielen geistvollen wie weniger geistvollen Inschriften waren zahlreiche Römer verärgert. Manche Hausbesitzer versuchten sich gegen diese Unart sogar mit Verbotsschildern zu schützen, was damals übrigens genauso wenig half wie heutzutage ...

>>*Ich wundere mich, Wand, dass du noch nicht in Trümmern zusammengestürzt bist, / musst du doch das blöde Zeug so vieler Schreiber ertragen.*<<
(Graffito aus Pompeji, in dem sich der Autor über den Graffiti-Wahn der Römer lustig macht)

Für Rom selbst ist die Frage allerdings schwer zu beantworten, wer eigentlich die Säulen und Wände mit Graffiti >>verschönerte<< – ob es die Bewohner selbst waren oder vielleicht die zahlreichen Gäste, die zu den großen Spektakeln in die Stadt strömten. Denn ein ordentlicher Gladiatorenkampf oder ein spektakuläres Wagenrennen lockte ja nicht nur die Bürger der Stadt an, sondern auch viele Besucher und Touristen aus dem Umland – ja, aus dem ganzen Imperium. Bei manchen Veranstaltungen waren Hunderttausende auf den Beinen. Viele der Zugereisten kampierten in der Nacht vor dem großen Spektakel in provisorisch aufgestellten Bretterbuden oder Zelten, um dann wie bei den großen Konzerten unserer Zeit am nächsten Morgen so schnell wie möglich in die Arena zu kommen, um auch ja einen guten Platz zu ergattern. Für die City bedeutete dies den sicheren Verkehrskollaps, in den engen Gassen herrschte oft genug der absolute Ausnahmezustand. Aber am Ende stand für alle Besucher der höchste Genuss. Denn die Römer verstanden es, Feste zu feiern – und zwar riesige Feste.

Im Mittelpunkt der riesigen Spektakel stand dabei oft genug das Kolosseum, eingeweiht 80 n. Chr. Das gewaltige Bauwerk im

Bis heute eine der Touristenattraktionen Roms: das Kolosseum. In der Antike berühmt wegen seiner Größe und der dort gebotenen spektakulären Darbietungen.

Herzen Roms, dessen Überrest noch heute die Touristen in Staunen versetzt, war das größte Amphitheater der römischen Welt. Seinen Namen erhielt es erst später, denn eigentlich hieß es »Amphitheatrum Flavium« (nach den flavischen Kaisern Vespasian, Titus und Domitian, unter denen das Gebäude errichtet wurde). Die Römer kannten die Arena allerdings lange schlicht unter der Bezeichnung »das Amphitheater«. Die Ausmaße waren riesig: Das Kolosseum maß 188 mal 156 Meter und bot rund 50.000 Menschen Platz. Für die Bauarbeiten musste ein erheblicher Teil des Materials mühsam auf Ochsenkarren in die Stadt transportiert werden, so kam etwa der Marmor aus Norditalien und anderen Regionen des Römischen Reiches. Damit die kontinuierliche Anlieferung der Baustoffe nicht ein Opfer des von Cäsar verhängten Fahrverbots wurde, setzte Kaiser Vespasian diese Verordnung übrigens wieder außer Kraft, sodass die Arbeiten am Kolosseum Tag und Nacht fortgesetzt werden konnten.

Ein Kampf auf Leben und Tod – hier verewigt in einem römischen Mosaik.

Das Kolosseum im Modell; erkennbar sind etwa die unterirdischen Korridore und die direkten Zugänge zum Kampfplatz.

Bis zum heutigen Tag verbindet sich in unserer Vorstellung das Kolosseum vor allem mit den Gladiatorenspielen. Tatsächlich zählten diese Kämpfe zu den beliebtesten Spektakeln im Römischen Reich. Zumeist waren es Kriegsgefangene oder Sklaven, später aber auch verurteilte Schwerverbrecher, die zum Kampf in die Arenen gezwungen wurden. Wer von ihnen die Kämpfe auf Leben und Tod drei Jahre lang überlebte, konnte auf seine Freilassung hoffen. Seltener kam es vor, dass sich auch Freiwillige in solche Kämpfe begaben – entweder aus reinem Nervenkitzel oder in der Hoffnung auf eine reiche Belohnung. Die breite Masse war von den Aufführungen begeistert, auch wenn kritische Geister wie etwa der Dichter Juvenal spotteten, das Volk von Rom verlange nur noch nach »panem et circenses«, nach »Brot und Spielen«.

> »Die Gladiatoren, heruntergekommene Menschen oder Barbaren, welche Schläge ertragen sie! Wie ziehen es doch die gut ausgebildeten Athleten vor, einen Schlag zu erhalten, als ihm in Schande auszuweichen! Wie oft zeigt es sich, dass sie nichts lieber wollen, als ihrem Herrn oder dem Volk Genüge zu tun!«
>
> (der römische Schriftsteller und Politiker Cicero)

Die Gladiatoren mussten oft einzeln gegeneinander antreten, zuweilen aber auch paarweise oder in größeren Gruppen. Immer waren sie unterschiedlich bewaffnet: Einige kämpften mit einem Netz und einem Dreizack, andere mit Schwert und Schild, wieder andere mussten mit Lanzen, Pfeil und Bogen oder sogar mit Stock und Lasso bewaffnet ins Gefecht ziehen.

> *»Hau, schlag, brenne! Warum stürzt er so ängstlich ins Schwert? Warum stirbt er so wenig wacker, so ungern? Mit Peitschen sollen sie dazu getrieben werden, sich Wunden beizubringen und die gegenseitig ausgeteilten Hiebe mit nackter, ungeschützter Brust aufzufangen!«*
>
> (der römische Dichter und Philosoph Seneca)

Beendet war ein Kampf meist, wenn ein Gladiator besiegt, also getötet war. Aber er hatte auch die Möglichkeit, seine Niederlage zu signalisieren und aufzugeben. Dann legte er sein Leben in die Hände des Publikums, das signalisierte, ob der Mann tapfer genug aufgetreten war, um verschont zu werden. Wenn wir während einer solchen Szene einmal von oben einen Blick auf die Zuschauerränge hätten werfen können, dann hätten wir erkannt, dass die Besucher keineswegs bunt durcheinandersaßen. Es gab klare Regeln ...

Wer musste sich im Kolosseum mit den schlechtesten Plätzen in den obersten Rängen begnügen?

a) Sklaven

b) Frauen

c) Berichterstatter

Die Sitzordnung im Kolosseum spiegelte die römische Gesellschaftsordnung wider: Selbstverständlich saßen der Kaiser und seine Familie in einer pompösen Ehrenloge, die besten Plätze durften dann die Senatoren und Ritter einnehmen. Das einfache Volk schließlich saß weiter oben, Sklaven hatten keinen Zutritt. Und in den obersten Rängen, auf den allerschlechtesten Plätzen auf Holzbänken – da saßen die Frauen. Sie sollten durch die maximale Entfernung vom Geschehen ein wenig Abstand zu den zum Teil entblößten Gladiatorenkörpern, vor allem aber zu den unglaublich brutalen Szenen halten. Wenn wir den Überlieferungen zu dieser Frage trauen dürfen, tat diese Maßnahme der Leidenschaft der Frauen für solche Veranstaltungen allerdings keinen Abbruch, vielmehr ist ihre Begeisterung für die »Teufelskerle« in der Arena verschiedentlich belegt. Selbst den Damen der feineren Gesellschaft wurden schmachtende Blicke auf die Kämpfer unterstellt – es mag aber auch sein, dass bei solchen Beschreibungen auf Seiten der männlichen Beobachter ein wenig Neid und Eifersucht im Spiel war.

Aber zum Trost (für Frauen wie Männer) gab es ja auch noch andere Arenen – und auch andere Sitzordnungen. Etwa im Circus Maximus in unmittelbarer Nachbarschaft zum Kolosseum. Jener bestach zunächst einmal durch seine Ausmaße: In seiner endgültigen Form war der Circus 600 Meter lang, 200 Meter breit und bot vermutlich bis zu 200.000 Zuschauern Platz – also viermal mehr als das Kolosseum. Hier wurden die bei den Römern so beliebten Wagenrennen ausgerichtet. Meistens waren es Sklaven, die in halsbrecherischem Tempo ihre Gespanne mit zwei, drei oder vier Pferden über die Rennbahn jagten. Sie traten mehrmals am Tag an – und wenn sie richtig erfolgreich waren, wurden sie vom Publikum nicht nur gefeiert und verehrt, einige von ihnen konnten es mit den eingefahrenen Prämien sogar bis zum Millionär bringen und sich somit freikaufen.

Sosehr sich bei diesen Wagenrennen die Zuschauer mit ihrer Begeisterung austobten – selten wurden sie wirklich von der Schnelligkeit der Pferde oder dem Geschick der Fahrer in den

Nicht nur Besucher aus der Provinz setzten beim Wagenrennen ihre letzten Sesterzen –
so wie hier unsere gallischen Freunde in »Asterix und der Kupferkessel«.

Bann geschlagen. Vielmehr begeisterten sie sich schlicht für eine
der vier Farben, die ins Rennen gingen: Hier traten die weiße,
die rote, die grüne und die blaue Partei gegeneinander an. Die
Fahrer konnten im Laufe ihrer Karriere die Lager wechseln – die

Zuschauer waren nur an ihren »Vereinsfarben« interessiert. Das erinnert doch sehr an heutige Fußballfans und ihre Lieblingsvereine ...

> *»Es fanden Zirkusspiele statt, eine Art Schauspiel, das mich nicht im Geringsten fesselt. Nichts Neues, nichts Andersartiges passiert ... Umso mehr verwundert mich, dass so viele tausend Männer in so kindischer Weise immer wieder rennende Pferde, Männer, die auf Wagen stehen, zu sehen verlangen. Wenn sie nun von der Schnelligkeit der Pferde oder der Geschicklichkeit der Wagenlenker angezogen würden, machte dies noch Sinn; so aber klatschen sie einem Stück Tuch Beifall, lieben ein Stück Tuch!«*
> (Klage des römischen Schriftstellers Plinius des Jüngeren)

Auch bei diesen Wagenrennen im Circus Maximus gab es zwar eine Sitzordnung, die sich nach dem gesellschaftlichen Rang der Besucher richtete. Senatoren und Ritter hatten also die besten Plätze. Aber im Gegensatz zu den Gladiatorenspielen im Kolosseum gab es hier keine gesonderten Plätze für die Frauen. Und so galt den Männern – vielleicht aber auch den Frauen – der Circus als idealer Ort für einen Flirt. Der römische Dichter Ovid empfahl in seiner »Liebeskunst« (Ars Amatoria) den liebessuchenden Herren einen Besuch in der Arena, »wenn Mann und Frau ohnehin sehr beengt beieinandersitzen«. Der von ihm in Aussicht gestellte unfreiwillige Körperkontakt würde allerdings heute wohl eher als Tipp zur sexuellen Belästigung interpretiert ...

> *»Lass dir auch nicht das Wagenrennen der edlen Pferde entgehen: Viele Vorteile bietet der Zirkus mit seiner Menschenmenge ... Dicht neben deiner Dame sollst du ungehindert sitzen; schmiege deine Seite immerfort, so eng du kannst, an die ihre. Und es ist gut,*

*dass die Schranke dich zwingt, zu ihr zu rücken, selbst
wenn du es nicht wolltest; das Gesetz des Ortes verlangt, dass du das Mädchen berührst.«*

(der römische Dichter Ovid in seiner »Ars Amatoria«)

Aber blutige Gladiatorenkämpfe und wahnwitzige Wagenrennen
waren keineswegs die einzigen Anlässe, die die Einwohner Roms
und die Touristen zu Hunderttausenden anlockten. Denn die
Römer waren ausgesprochen einfallsreich, wenn es um die Inszenierung weiterer Events ging ...

Welche Veranstaltungen haben noch in den römischen Arenen stattgefunden?

a) Seeschlachten

b) Flohmärkte

c) Modenschauen

Ohne Frage hat man in Rom bereits auf die Mode geschaut, und
sicherlich wurden große und kleine private Geschäfte gemacht –
aber keiner dieser Anlässe hat jemals die Menschenmassen in
die Arenen gelockt. Tatsächlich waren es die nachgestellten Seeschlachten. Sie beflügeln bis heute die Phantasie der Nachgebo-
renen – denn selbst aus heutiger Sicht waren dies unglaubliche
Spektakel, vor denen moderne Inszenierungen in den großen
Stadien der Welt verblassen. Den Anfang machte – fast möchte
man sagen: selbstverständlich – Julius Cäsar. Er veranstaltete die
ersten Wasserschauspiele, von denen wir Folgendes wissen: Als
Teil seines Triumphzuges im Jahr 46 v. Chr. ließ er auf dem Mars-
feld einen künstlichen See anlegen, auf dem dann 3.000 Ruderer
eine Seeschlacht zwischen Phöniziern und Ägyptern nachstellen
mussten.

Eine Seeschlacht als Spektakel: So stellte sich das 19. Jahrhundert Zuschauer und Kämpfer einer römischen »naumachia« vor – schaurig schön.

Die Römer sprachen bei den Wasserschauspielen von einer »naumachia«, was gleichermaßen die Veranstaltung wie ihren Ort bezeichnete. Üblicherweise wurden dabei tatsächliche oder vermeintlich stattgefundene Schlachten nachgestellt – für den Unterhaltungswert war es dabei allerdings ziemlich unwichtig, ob die Zuschauer den historischen Hintergrund kannten oder nicht. Ähnlich wie bei den Gladiatorenspielen waren die meisten Akteure Sklaven, verurteilte Verbrecher oder Kriegsgefangene, und viele von ihnen starben vor den Augen des begeisterten Publikums einen qualvollen Tod. Zumeist wurden für diese Spektakel künstliche Seen ausgehoben, an deren Rand dann Zuschauerbühnen entstanden. Unter Kaiser Claudius soll es im Jahr 52 n. Chr. das grandioseste Spektakel dieser Art gegeben haben: Auf dem Fuciner See, 80 Kilometer östlich von Rom, sollen 19.000 Akteure zur großen Schlacht aufgeboten worden sein. Bei der Ausdehnung des Geländes und dem Andrang der Zuschauer hätten auch Holztribünen nichts mehr genutzt – das Publikum schaute von den umliegenden Hügeln aus zu.

Ob übrigens auch im Kolosseum solche Seeschlachten stattgefunden haben, ist unter Historikern seit langem umstritten. Derzeit ist ein Großteil von ihnen der Meinung, dass dies vermutlich wohl nur einmal der Fall gewesen sein dürfte, nämlich bei der Eröffnung der Arena im Jahr 80 n. Chr. Das wäre dann in der Tat eine logistische Meisterleitung gewesen. Alle Experten sind sich einig, dass sich das Kolosseum weder schnell noch leicht fluten ließ. Die Herausforderung wäre nämlich gewaltig: Wollte man die Fläche von rund 2.700 Quadratmetern einen Meter hoch fluten, so wären 2,7 Millionen Liter Wasser vonnöten gewesen ...

Doch auch wenn die Arenen trocken blieben – die Römer hatten auf jeden Fall ihren Spaß. Häufiges Begleitprogramm zu den Wagenrennen und den Gladiatorenkämpfen waren etwa Tierhetzen, bei denen zumeist exotische Tiere präsentiert wurden, gegen die dann – das erhöhte den Reiz – absichtlich schlecht ausgestattete Kämpfer antreten mussten. Dieses Schicksal erlitten häufig auch zum Tode verurteilte Verbrecher. Doch wir werden den alten Römern nicht gerecht, wenn wir bei Massenveran-

Kampf zwischen Gladiatoren und Tieren, dargestellt auf einem römischen Relief.

staltungen immer nur an blutige Spektakel denken – schließlich gehörte auch das Theater zu den Leidenschaften der Römer. Dabei boten diese den Zuschauern allerdings zumeist das, was bei der großen Mehrzahl der Besucher gut ankam. Und so stand die Volksbelustigung deutlich im Vordergrund, das Bemühen um literarisch wertvolle Inhalte musste zurückstehen.

Zu welchem Anlass also auch immer: Die Herrscher freuten sich, wenn sich das Volk an diesen Spielen erfreute. Und einer tat das ganz besonders: Kaiser Vespasian, mit vollem Namen Titus Flavius Vespasianus, der in den Jahren 69 bis 79 n. Chr. an der Spitze des Imperiums stand. Wenn man so will, könnte man Kaiser Vespasian als einen notorischen Geizhals bezeichnen, schließlich machte er sich stets Gedanken um die Ausgaben, vor allem aber auch um die Einnahmen des Staates. Und bei dieser Suche nach neuen Steuereinnahmen kamen ihm die großen Massenveranstaltungen seiner Zeit besonders gelegen: Je mehr Menschen auf der Straße waren, desto mehr Menschen mussten ja schließlich irgendwann einmal eines der in Rom existierenden öffentlichen »stillen Örtchen« aufsuchen. Wer es von den Männern nicht bis zu einer der öffentlichen Bedürfnisanstalten schaffte, erleichterte sich in die dafür aufgestellten Amphoren, mit denen Urin gesammelt wurde. Den Gerbern der Stadt galt dieser ganz besondere Saft als wichtiger Rohstoff, weshalb sie ihn auf diesem Wege preiswert sammeln wollten. Doch schließlich wollte auch der Kaiser sein Geschäft mit diesem Geschäft machen. Und so belegte er diesen Rohstoff mit einer eigenen Steuer – der Urinsteuer. Angeblich habe ihn sein Sohn naserümpfend auf diese neue Steuer angesprochen, worauf der Herr Papa seinem Filius einige Münzen unter die Nase hielt und süffisant bemerkte: »Pecunia non olent« – »Geld stinkt nicht!« Man merkt dem Geld eben nicht an, auf welche Weise es erworben wurde. Ein Ausspruch, der noch heute gilt …

Tipps zum Weiterlesen:

Karl-Wilhelm Weeber: Alltag im Alten Rom. Das Leben in der Stadt, Düsseldorf 2003. Ein exzellentes Nachschlagewerk, klug und leicht lesbar geschrieben.

Stefan Rebenich: Die 101 wichtigsten Fragen – Antike, München 2006. Ein empfehlenswerter Überblick über die spannendsten Fragen zu den alten Griechen und Römern.

Peter Connolly: Colosseum. Arena der Gladiatoren, Stuttgart 2005. Eine glänzend zu lesende, reich bebilderte Darstellung.

Die Wikinger

Von großen und kleinen Eroberungen

03

Es gibt wohl kaum einen Menschenschlag, der in der Geschichte so verrufen ist wie die Wikinger: Als brandschatzende Horden aus dem Norden sind sie in ganz Europa in Erinnerung, als plündernde und mordende Haufen, die bei ihren Streifzügen sogar den Rhein hinaufzogen oder Städte wie Paris, Köln oder Trier heimsuchten. Gegen diesen schlechten Ruf lässt sich kaum etwas machen – und zu allem Überfluss bedeutet der ursprüngliche Name Wikinger tatsächlich »Seeräuber«. Und tatsächlich war es in Europa zwischen 793 und 1066, die Zeit, die weithin als die Zeit der Wikinger gilt, besser, den Kerlen aus dem Norden

Wikinger auf großer Fahrt: Auf allen damals bekannten Meeren waren die Skandinavier unterwegs, etwa mit den furchterregenden Drachenschiffen.

aus dem Weg zu gehen. Vor allem dann, wenn sie auf reiche Beute aus waren.

Doch nicht nur in der weiten Welt machten die Wikinger ihre Eroberungen. Auch daheim, im heutigen Skandinavien, zeigten sie sich als durchaus findige Zeitgenossen. Denn wenn die einfachen Wikinger nicht gerade in Sachen Plünderungen unterwegs waren – und das war zahlenmäßig sogar eher die Ausnahme –, verdienten sie sich ihren Lebensunterhalt zuweilen recht mühsam als Händler oder Bauern. Und dabei mussten die vermeintlich wilden Männer und Frauen aus dem Norden immer auch praktisch denken …

Welche Aussage zu den Wikingern stimmt nicht?

a) Sie trugen Helme mit Hörnern.

b) Sie liefen Schlittschuh.

c) Sie bügelten ihre Kleidung.

Das mag ja auf den ersten Blick ganz einfach klingen – aber es stimmt nicht, dass die Wikinger Helme mit Hörnern trugen. Diese Vorstellung hat sich in unseren Köpfen verankert, weil sie den Wikingern seit Jahrhunderten in Legenden angedichtet wurden, um sie möglichst als Angst einflößende Krieger erscheinen zu lassen. Tatsächlich hat es solche Helme während der Wikingerzeit nicht gegeben. Vielmehr trug der einfache Kämpfer eher eine lederne Kappe oder einen halbkugeligen Helm mit einem einfachen Nasenschutz. Die Gründe dafür liegen auf der Hand: In einem Kampf wären ausladende Hörner nun wirklich kontraproduktiv gewesen, weil der Gegner den Helm so mit Leichtigkeit mit einem Schwert vom Kopf hätte schlagen können. Und auch an Bord ihrer Schiffe wären solche Gebilde bei der täglichen Arbeit – wie in einem möglichen Kampf – in erster Linie hinderlich gewesen.

Bleiben die tatsächlichen Errungenschaften der Wikinger. Es ist richtig, dass sie schon Schlittschuhe kannten: An gefrorenen Seen hatten sie im hohen Norden ja bekanntlich keinen Mangel, und irgendwie mussten sie sich ja auch darauf bewegen. So griffen sie kurzerhand zu passenden Rinder- oder Pferdeknochen und schliffen daraus möglichst glatte Kufen. Darauf wurden dann kleine Holzpflöcke befestigt, die wiederum mit Lederriemen an den Schuhen festgezurrt wurden – und schon konnte es losgehen! Und wenn es nicht auf Eis, sondern im Schnee einmal schneller gehen sollte, dann griffen die findigen Wikinger eben zu ihren Skiern. Die waren den uns heute bekannten Exemplaren im Prinzip ähnlich, allerdings waren sie wohl etwas länger – und natürlich modisch längst nicht so ausgefeilt.

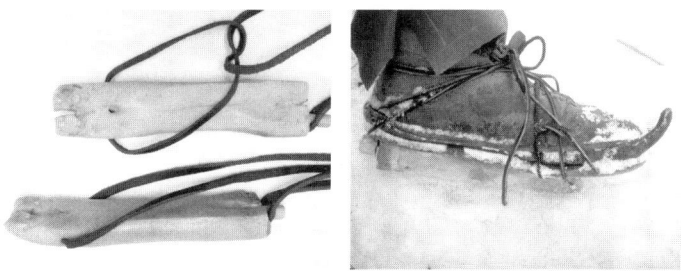

So ging es an Land schneller: Mit solchen Kufen unter den Füßen zogen die Wikinger über die zugefrorenen Seen ihrer Heimat.

Schlittschuhe und Skier waren allerdings nicht nur eine praktische Sache für den tristen Alltag. Gerne fanden sie auch Verwendung, wenn sich die Wikinger nach Feierabend sportlich austoben wollten. Etwa für eine Art Schlagballspiel auf dem Eis, das zuweilen auch einmal in einer handfesten Rauferei enden konnte. Rückblickend kann man sogar den Eindruck gewinnen,

So oder so ähnlich dürften die Wikinger ausgesehen haben – nachgestellt von wackeren isländischen Männern bei einem Wikinger-Festival.

dass manche Mitspieler von Anfang an nur deshalb mitmachten, weil die Aussicht auf eine ordentliche Prügelei bestand ...

Während die Männer sich beim rustikalen Sportvergnügen austobten, mussten sich derweil die Frauen um die Klamotten kümmern. Und damit kommen wir zum Bügeln. Tatsächlich gab es bei den Nordmannen bzw. Nordfrauen Bemühungen, der Kleidung zumindest ab und zu die Falten auszutreiben. Aber dies keineswegs mit Gewalt, sondern mit List und Tücke: Ausgrabungen förderten nämlich Bretter aus Walbein zutage, auf dem mit einem handtellergroßen Glättestein aus Glas »gebügelt« werden konnte. Richtiger sollte man sagen, dass die Wäsche »geglättet« wurde, denn noch wurde dabei nicht mit Hitze gearbeitet, sondern mit geschickt eingesetzter Kraft: Durch das Gewicht des Glätteglases und den ausgeübten Druck der Benutzerin ließen sich feine Falten aus den leinenen Gewändern der vornehmen Wikingerfrauen entfernen. Diese Mühen machten sich die Frauen allerdings wohl nur vor großen Festen. Denn ansonsten war die Kleidung der meisten Wikinger im Großen und Ganzen eher unspektakulär. Die Frauen trugen in der Regel ein bodenlanges Hemd, darüber eine Art Trägerrock und bei Bedarf noch einen einfachen Umhang als Mantel. Die Männer zogen zumeist lange Hosen an, darüber ein weites Hemd und einen Kittel.

So unspektakulär wie ihre Kleidung war übrigens auch das Leben der Wikinger – wenn sie daheim blieben. Sie lebten meistens in Gehöften und kleinen Dörfern. Dort errichteten sie sogenannte Langhäuser, in denen es eher spärlich zuging, was den Komfort betraf. Nur reichere Familien konnten sich aufwendige Möbel leisten. Karg konnte zuweilen auch der Speiseplan ausfallen. Die meisten Familien waren auf die Erträge der Landwirtschaft angewiesen und damit unmittelbar den Launen der Natur ausgesetzt: Schlechtes Wetter und Ernteeinbußen konnten schnell den Kampf ums Überleben bedeuten, wenn solche Ausfälle nicht durch Fischfang oder die Jagd ausgeglichen werden konnten.

Bei diesem harten Leben ist es verständlich, dass es sich die Wikinger nach Feierabend auch einmal gutgehen lassen wollten. Und dabei griffen sie gerne zum Bier. Dass die Wikinger ständig Met tranken, gehört übrigens ins Reich der Legenden, denn dieser Honigwein war zwar bekannt und durchaus beliebt, wurde aber kaum in größeren Mengen produziert – Met war ein Luxusgut, kein Getränk für den Alltag. Das Feierabendbier war selbstgebraut und stark. Die Wikinger tranken es aus Hörnern und gerne auch viel zu viel davon. Denn Trinkfestigkeit war bei den Männern im Norden fester Bestandteil des sozialen Ansehens – deshalb legten sie sich bei Besäufnissen richtig ins Zeug. Es gab regelrechte Trinkwettstreite, bei denen beinahe bis zur Bewusstlosigkeit gebechert wurde!

> »Dann wurde Bier hereingetragen, und das war zu
> Hause gebraut und sehr stark. Bald gab es ein Einzel-
> trinken, und da sollte immer ein Mann allein jedes
> Mal ein Trinkhorn leeren; dabei gab man besonders

acht auf Egil und seine Gefährten, sie sollten so kräf-
tig wie möglich trinken. Egil trank zuerst und eine
lange Weile fest und hielt sich nicht zurück. [...]
Egil fand nun, dass er es so nicht mehr bewältigen
würde; da stand er auf und ging quer durch den
Raum, dorthin, wo Armod saß; er fasste ihn mit den
Händen bei den Schultern und drückte ihn gegen die
Pfosten an der Rückseite seines Sitzes. Dann erbrach
sich Egil gewaltig und spie Armod alles ins Gesicht, in
die Augen und in die Nase und in den Mund, es rann
ihm die Brust herunter, und Armod verlor fast den
Atem, und als er wieder Luft bekam, musste auch er
gewaltig speien.«

(wie eine hochmittelalterliche Saga Verlauf und Ende eines
Trinkwettstreits beschreibt)

»Bier ist für die Menschenkinder nicht so gut, wie
man sagt.«

(aus »Sprüche des Hohen«, die Teil der Edda bilden)

Der Konsum von Alkohol war ohne Frage der Höhepunkt jeder
wikingerzeitlichen Festivität. Und wenn alle Anwesenden dann
ausreichend gegessen und getrunken hatten, ging man zum
abendlichen Unterhaltungsprogramm über. Auch hier zeigten
sich die Wikinger überraschend erfinderisch ...

**Welcher Wettstreit zählte nicht zu den mög-
lichen Abendunterhaltungen der Wikinger?**

a) Zeichnen von Mandalas

b) Zerstreuung mit Brettspielen

c) Weitwurf mit abgenagten Knochen

Nun sind die Wikinger auf ihren Reisen nun wahrlich viel herumgekommen, und sie haben sicherlich auch viele kulturelle Impulse aus anderen Regionen der damaligen Welt erhalten – aber es gibt keinerlei Anzeichen dafür, dass sie jemals Mandalas gezeichnet haben, die als mystische Diagramme ja aus den Religionen des indischen Kulturkreises stammen. Richtig dagegen ist, dass die Wikinger einer rustikalen Variante des Weitwurfs frönten, nämlich dem Werfen mit abgenagten Knochen. Diese Form der Unterhaltung passte als Begleitung wohl auch gut zu anderen Formen des Kräftemessens, etwa dem Wettessen (das dem geschilderten Wetttrinken oft vorausging). Bei dieser ausgelassenen Stimmung dürfte auch gesungen worden sein, wenngleich sich Zeitgenossen nicht immer mit dem Klang des Wikingerliedguts anfreunden konnten.

> *»Niemals hörte ich hässlicheren Gesang als den Gesang der Schleswiger, es ist ein Brummen, das ihren Kehlen entweicht wie das Bellen von Hunden, nur noch tierischer.«*
>
> (ein arabischer Reisender nach seinem Besuch in Haithabu)

Weniger auf Kraft als vielmehr auf Geschick und strategisches Denken kam es dagegen bei den verschiedenen Brett- und Würfelspielen an, die ebenfalls zum festen Repertoire der Freizeitbeschäftigung gehörten. Die Archäologen fanden bei Ausgrabungen unter anderem Mühlebretter sowie vor allem ein Spiel namens »hneftafl«, dessen Regeln heute allerdings kaum nachvollziehbar sind (obwohl inzwischen unter heutigen Wikingerfans solche Spiele wieder vertrieben werden). Auch wurden Spielwürfel gefunden, die weitgehend unseren heutigen Würfeln entsprechen, sowie kunstvoll geschnitzte Schachfiguren – allerdings dürften die Regeln wohl noch wenig mit dem uns heute bekannten Schachspiel zu tun gehabt haben.

»Schwer beschenkt sind die Helden, die Schach spielen an Haralds Hof. Sie werden reich mit Geld und Schwertern beschenkt, mit hunnischem Metall und Sklavenmädchen.«

(aus einem Loblied auf den norwegischen König Harald Schönhaar)

Auch wenn die Wikinger sich in ihrem Alltag erfinderisch zeigten, was Hausarbeit, Fortbewegung oder Freizeitvergnügen anging – uns sind sie heute vor allem dadurch bekannt, dass einige von ihnen sich auf ihre Schiffe begaben und zu damals fernen Küsten aufbrachen. Was diese kriegerische Seite der Wikingergeschichte angeht, wissen wir einfach mehr, weil viele schriftliche Überlieferungen von den Opfern der Wikingerstreifzüge stammen. Was sie mit den Männern aus dem Norden erlebten, haben sie oft genug umgehend notiert. Und deshalb ist auch jene Zeitspanne zwischen 793 und 1066 von blutigen Schlachten markiert. Das Jahr 793 bescherte einem eher verträumten Fleck-

Die Regeln sind zumeist längst verlorengegangen, doch die alten Spiele der Wikinger lassen sich noch heute in Museen bewundern.

chen an der schottischen Ostküste denkbar unangenehme Besucher. Hier in Lindisfarne, auf einer kleinen Insel vor der Küste Northumberlands, stand ein Kloster, dessen Schicksal in ganz Europa bekannt werden sollte.

> *»In diesem Jahr erschienen schreckliche Vorzeichen über Northumbrien und versetzten die Einwohner in Angst und Schrecken: Es gab nie zuvor gesehene zuckende Blitze, und man sah Feuer speiende Drachen durch die Lüfte fliegen. Darauf folgte eine große Hungersnot, und etwas später in diesem Jahr, am achten Tag des Juni, zerstörte das Wüten der Heiden Gottes Kirche zu Lindisfarne mit Raub und Totschlag.«*
>
> (Bericht von Mönchen in der »Angelsächsischen Chronik«)

Irgendwo an der norwegischen oder dänischen Küste hatten sich im Frühsommer jenes Jahres mehrere Dutzend Männer auf den Weg gemacht – und jetzt landeten sie mit ihren Drachenbooten am langen Sandstrand der kleinen Insel. Bewaffnet waren sie mit Speeren, Schwertern, Äxten und anderen Scheußlichkeiten, und weil die Menschen in der Klosteranlage ahnungs- und wehrlos waren, war der nun folgende Überfall für die Wikinger ein schneller Sieg. Sie gingen rücksichtslos vor, mordeten, plünderten, brandschatzten und schändeten die Kirchenräume. Bald darauf waren die unheimlichen Krieger mit ihren Schiffen wieder verschwunden – und hinterließen ein Bild der Verwüstung.

Die Art und Weise dieses Überfalls jagte ganz Europa einen gehörigen Schrecken ein. Wir wissen nicht, was die Skandinavier von ihrem Beutezug auf die britische Insel daheim berichteten, aber an den europäischen Höfen und den Klöstern machte die Kunde von den unheimlichen Piraten in Windeseile die Runde. Oft genug wurden sie nun als Ausgeburt der Hölle bezeichnet – und fortan gehörte die Angst vor den Wikingern zum alltägli-

chen Leben der Menschen an den Küsten Europas. Sorgen mussten sich auch all jene machen, die selbst mit dem Schiff unterwegs waren, denn auch auf hoher See waren die Männer aus
dem Norden eine ständige Bedrohung.

> *»Auf halber Strecke begegneten ihnen Raubwikinger.*
> *Die Händler auf ihrem Schiff verteidigten sich mann-*
> *haft und anfangs auch erfolgreich; beim zweiten An-*
> *griff jedoch wurden sie von den Angreifern völlig*
> *überwältigt und mussten ihnen mit den Schiffen all*
> *ihre mitgeführte Habe überlassen; kaum konnten sie*
> *selbst entrinnen und sich an Land retten.«*
>
> (Bericht über den heiligen Ansgar, der sich im Jahr 829 auf den
> Weg zur Heidenmission nach Schweden aufmachte)

Doch die Wikinger kamen in der Folgezeit keineswegs nur als
Krieger, sondern auch als Händler und Siedler. Als solche ließen
sie sich etwa auf den bis dahin unbesiedelten Färöer, in Island
und zeitweilig auch in Grönland nieder. Wo sie allerdings auf
bewohntes Gebiet stießen, setzten sich die Wikinger eben kurzerhand mit Gewalt durch: Nach ersten Plünderfahrten richteten
sie zuweilen erst Winterquartiere ein, um dann im Frühjahr mit
der Eroberung der umliegenden Gebiete fortzufahren. Das Ergebnis waren regelrechte skandinavische Reiche, etwa in Irland,
in England und – am erfolgreichsten und dauerhaftesten – im
Norden Frankreichs, wo sie das Herzogtum Normandie begrün-
deten.

Noch heute erinnert die Bezeichnung »Normandie« an die Zeit
der Wikinger. Das ist kein Ausnahmefall, zahlreiche Ortsnamen
in Nordeuropa belegen den einstigen Kontakt mit den Nord-
männern. Und dabei lassen sich immer wieder Überraschungen
entdecken ...

Das berühmte Oseberg-Schiff im Wikingerschiff-Museum in Oslo. Das Schiff wurde 1904 entdeckt und aufwendig rekonstruiert.

Welches dieser Fleckchen Erde wurde nach den Wikingern benannt?

a) Rotterdam

b) Rothaargebirge

c) Russland

Rotterdam wurde erst im 13. Jahrhundert gegründet, da war die Zeit der Wikinger schon vorbei – und seinen Namen erhielt das Städtchen außerdem nach dem Flüsschen Rotte. Das war es also nicht. Und auch das Rothaargebirge, der Gebirgszug zwischen Nordrhein-Westfalen und Hessen, hat seinen Namen nicht von den Wikingern, denn seine Namensgebung hat – wie man vielleicht meinen könnte – mit roten Haaren von Wikingern nichts zu tun. Aber tatsächlich lässt sich die Bezeichnung »Russland« auf die Geschichte der Nordmänner zurückführen, und zwar auf die Geschichte ihrer Handelsbeziehungen nach Ost- und Südosteuropa.

Es waren Wikinger schwedischer Herkunft, die sogenannten Waräger, die sich von Skandinavien aus Richtung Osten und Südosten aufmachten. Sie machten sich vor allem als Händler von der Ostsee über Oder und Weichsel auf den Weg ins Innere Osteuropas, wobei sie schließlich die Donau und das Schwarze Meer erreichten. Dabei gelang ihnen das Meisterstück, eine Schiffsroute zu erschließen, die sie bis ins ferne Konstantinopel führte – das Ziel war die Aussicht auf den lukrativen Handel mit der arabischen Welt. Von den Slawen Osteuropas wurden diese Wikinger »Rus« genannt. Und nachdem sich immer mehr der Waräger dazu entschlossen, entlang der Handelsrouten durch Osteuropa Stützpunkte zu gründen, entstand aus diesen ersten Siedlungen schließlich das Reich der Rus. Dieses Reich wird auch »Kiewer Reich« genannt – und gilt historisch als Keimzelle des späteren Russland.

> *»Ich sah die Rus-Leute, als sie auf ihren Handelsfahrten gekommen waren und sich am Fluss Atul (Wolga) niedergelassen hatten. Niemals habe ich Leute mit einem vollkommeneren Körperbau als bei ihnen gesehen. Sie sind (hoch) wie die Dattelpalmen und rötlich.«*
>
> (aus dem Bericht von Ibn Fadlan, der als Botschafter des Kalifen von Bagdad im Jahr 921 die Waräger besuchte)

> *»Sie sind die unsaubersten von Gottes Geschöpfen. Sie säubern sich nicht nach der Erledigung ihrer Notdurft und nachdem sie ihr Wasser gelassen haben und waschen sich nicht nach der Ausübung des Ge-*

schlechtsverkehrs. Auch waschen sie ihre Hände nicht nach der Mahlzeit. Ja, sie sind wie verirrte Esel!«

(Ibn Fadlan im weiteren Verlauf des Berichts)

Die Wahrnehmung der Wikinger war eigentümlich zweischneidig. So wie der arabische Reisende ihre vermeintlich so imposante körperliche Erscheinung pries, so wunderte er sich doch zugleich über augenscheinlich geradezu barbarische Zustände etwa im Bereich der alltäglichen Hygiene. Und ähnlich wie in der arabischen Welt war auch bei den Christen Europas der Blick auf die Nordmänner gespalten: Zwar wurden sie angesichts der Überfälle in erster Linie als Geißel der Christenheit verurteilt – andererseits wurden sie aufgrund ihrer tatsächlichen oder angedichteten Männlichkeit und ihres heldenhaften Auftretens wohl auch heimlich bewundert. Das ist noch immer so: Die Gräuel der Wikinger sind weitgehend bekannt, doch viele der heutigen Wikingerfreunde haben sich in die Kraft und Stärke ihrer historischen Vorbilder geradezu verliebt.

> *»Mir aber, acht' ich, bei meiner Geburt hat beschieden das Schicksal*
> *Kriege zu suchen, im Krieg zu sterben, den Kampf zu erwecken,*
> *Stets in den Waffen zu wachen, ein Leben im Blute zu führen.*
> *Ruhelos hab' ich im Lager gelebt; stets hasst' ich den Frieden.«*

(aus einem wikingerzeitlichen Heldenlied)

Verachtung hin, Bewunderung her – eines kann man den Wikingern nun beim besten Willen nicht absprechen: ihre Qualitäten als Entdecker per Schiff. Vor allem wagten sie sich durch den Nordwesten der damals bekannten Welt – zu den Färöer, zu den Shetlands oder zum deutlich weiter entfernten Island. Zu den großen Leistungen auf diesem Gebiet zählt ohne Frage die

Entdeckung Grönlands. Der Norweger Erik der Rote soll dem neuen Land übrigens bewusst den attraktiven Namen »Grün-Land« gegeben haben, um die Ansiedlung durch seine Landsleute zu fördern. Das klappte auch, und Grönland gehörte über Jahrhunderte zum Königreich Norwegen – heute ist die riesige Insel ein autonomer Bestandteil des Königreichs Dänemark.

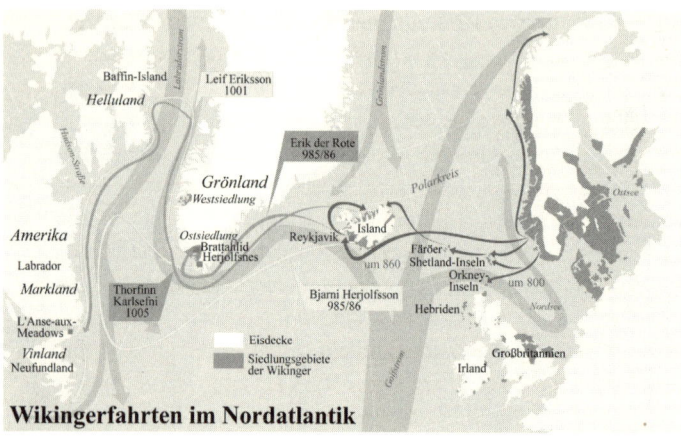

Wikingerfahrten im Nordatlantik

Die Wikinger fuhren, soweit der Wind sie und ihre Schiffe trieb – beispielsweise quer über den Nordatlantik bis hin nach Neufundland.

Und dann ist da ja noch die Geschichte mit der Entdeckung Amerikas: Sind die Wikinger nun die legitimen Vorfahren des Christoph Kolumbus oder nicht? Zu diesem Thema sind zahlreiche Geschichtchen und Legenden im Spiel – und immer wieder kamen tatsächliche oder vermeintliche Wikingersiedlungen an der amerikanischen Küste ans Tageslicht. Fest steht, dass wir heute davon ausgehen können, dass es zeitweilig solche Siedlungen gegeben hat. Wo genau sie lagen, wie genau sie entstanden sind und warum die Wikinger sie dann wieder aufgegeben haben – all das bleibt allerdings im Dunkel der Geschichte.

Was wir von den Wikingern und ihren großen und kleinen Eroberungen heute wissen, verdanken wir zu einem guten Teil den

skandinavischen Dichtern jener Zeit. Sie erzählten die Heldenge-
schichten der Wikingerhäuptlinge (die ja auch dafür bezahlten,
was das Loben natürlich deutlich erleichterte) – und machten
sich damit selbst einen Namen. Etwa Bragi der Alte, Thorbjörn
Hornklaue, Einar Schalenklang oder Gunnlaug Schlangenzunge.
Solch klangvolle Namen waren keineswegs auf die Dichter der
Wikinger beschränkt. Auch die Herrscher selbst sind der Nachwelt mit eindrucksvollen Beinamen überliefert. Allen voran der
norwegische König Harald Schönhaar. Der kam angeblich deshalb zu seinem Beinamen, weil er geschworen hatte, sein Haar
erst wieder zu schneiden, wenn alle Kämpfe um die Vorherr-
schaft in seinem Land vorüber seien und er als siegreicher Herrscher regieren werde. Auch sein Sohn kam zu einem bezeichnen-
den Namen und ging als Erik Blutaxt in die Geschichte ein. Er
hinterließ seine blutige Spur nicht nur unter den Christen, sondern machte sich überdies mit seinem tyrannischen Wesen auch
in den eigenen Reihen reichlich unbeliebt. Bei so vielen phanta-
sievollen Namen kann man schon einmal leicht ins Schleudern
kommen, welche Bezeichnung einst wirklich stimmte ...

Wer zählte in der Wikingerzeit zu den großen norwegischen Königen?

a) Harald der Harte

b) Weinrich der Weiche

c) Guthrum der Gute

Sicher gab es Wikingerherrscher, die in den Augen ihrer Zeitgenossen gut, mild oder gar weich erschienen – überliefert ist allerdings lediglich der Name von Harald dem Harten. So nämlich
wurde der norwegische König Harald Sigurdsson genannt, der
sein Königreich fast zwanzig Jahre lang erfolgreich führte. In die

Geschichte eingehen sollte er allerdings nicht aufgrund seiner besonderen Leistungen, sondern wegen seiner alles entscheidenden Niederlage: Harald der Harte gilt uns heute als der letzte Wikinger.

So wie der Überfall auf das schottische Kloster Lindisfarne im Jahr 793 den Anfang der Wikingerzeit markiert, so gilt die historische Niederlage Harald des Harten in England 1066 als sinnbildhaftes Ende der Wikingerzeit: Er starb bei einer Schlacht gegen den englischen König, dessen Thron er für sich reklamierte.

Der englische König konnte sich übrigens nicht lange an seinem Sieg erfreuen. Er musste sich noch im selben Jahr einem normannischen Heer unter dem später so bezeichneten Wilhelm dem Eroberer beugen, der daraufhin in England eine normannische Herrschaft errichtete.

1066 wurde noch ein weiteres Kapitel der Wikingergeschichte beendet: In diesem Jahr wurde die bedeutendste Handelsstadt der Wikinger, Haithabu, von den Slawen überfallen und so gründlich zerstört, dass sie nicht mehr aufgebaut wurde. Was an kümmerlichen Resten dieses stolzen Fleckens übrig blieb, versank für lange Zeit im feuchten Boden Norddeutschlands. Erst

So idyllisch kann eine Wikinger-Siedlung sein. Diese ist allerdings nachgebaut und lädt die Besucher des Museums in Haithabu zu einem Besuch ein.

Jahrhunderte später wurden diese Spuren in der Nähe des heutigen Schleswig wiederentdeckt. Fachwelt und Öffentlichkeit sind gleichermaßen entzückt über die zahlreichen Funde, die nun im dortigen Museum zu bestaunen sind. Und so gilt heute wie vor tausend Jahren: Wer etwas über die Wikinger erfahren will, sollte nach Haithabu reisen ...

Tipps zum Weiterlesen:

Rudolf Simek: Die Wikinger, München 2005. Eine knappe, verlässliche, gut lesbare Einführung.

Arnulf Krause: Die Welt der Wikinger, Frankfurt/Main 2006. Eine ausführlichere, verständlich formulierte Darstellung mit zahlreichen Abbildungen.

Konrad Adenauer

04

Die praktischen Dinge des Lebens

Er ist bis heute der angesehenste deutsche Politiker – und beim Fernsehwettbewerb auf der Suche nach »Unseren Besten« belegte er den ersten Platz: Konrad Adenauer (1876–1967). Er war ein Politiker, der stets Verantwortung übernahm: als Mitglied der katholischen Zentrums-Partei schon zu Zeiten Kaiser Wilhelms II., als Oberbürgermeister von Köln zwischen 1917 und 1933 oder eben als erster Bundeskanzler der Bundesrepublik Deutschland – und zwischenzeitlicher Außenminister – in den Jahren von 1949 bis 1963. Gerade seine Leistungen als Regierungschef in Bonn haben Konrad Adenauer für viele Deutsche unvergesslich gemacht; der Aufstieg der jungen Bundesrepublik zu Wohlstand und die Einbindung in die westliche Staatengemeinschaft gelten bis heute als seine großen Verdienste.

Zwei große Staatsmänner in stiller Eintracht: Konrad Adenauer empfängt John F. Kennedy 1963 zum Deutschland-Besuch.

Sicherlich war der »Alte von Rhöndorf«, wie ihn viele liebevoll nach seinem Wohnort in der Nähe von Bonn nannten, ein begnadeter und von manchen auch gefürchteter Politiker. Aber der Jurist Adenauer hatte noch viele andere Talente. Dazu gehörte seine Fähigkeit, praktische Probleme des Alltags nicht nur zu erkennen (das wünschen wir ja allen Politikern) – sondern sich auch konkrete Gedanken zu machen, wie man solch unbefriedigende Zustände beseitigen könnte: Adenauer betätigte sich nämlich viele Jahre seines Lebens als Erfinder.

> »*Von fünf bis sechs Uhr erfindet der Herr Oberbürgermeister, da darf man ihn nicht stören.*«
> (wie das Hausmädchen angeblich unangemeldete Besucher zurückwies)

Dass wir heute von diesen erfinderischen Leistungen Adenauers so wenig wissen, liegt natürlich daran, dass seine politischen Leistungen diese Liebhaberei deutlich in den Schatten stellten. Ein wenig zu Unrecht, denn mit seinen technischen Neuerungen zielte er stets auf den unmittelbaren, praktischen Nutzen im Alltag.

Welche dieser Erfindungen stammt von Konrad Adenauer?

- a) der Doppelkammer-Teebeutel
- b) das Sojawürstchen
- c) der Zigarettenanzünder

Zeitlich hätte es gepasst: Der Teebeutel wurde im Jahr 1919, der Doppelkammer-Teebeutel 1949 erfunden, doch Adenauer hatte mit deren Schöpfung nichts zu tun. Und auch mit dem Zigarettenanzünder hat sich der passionierte Nichtraucher nicht befasst. Tatsächlich machte sich der damalige Kölner Kommunalbeamte Adenauer um die Entwicklung des Sojawürstchens verdient. Die Erfindung stammt aus dem Jahr 1917. Und dabei ging es ihm zu einer Zeit, als es weder BSE noch Übergewicht als massenhaftes Gesundheitsproblem gab, um das nackte Überleben seiner Kölner: Als der Erste Weltkrieg ausbrach, war Adenauer zum Stellvertreter des Oberbürgermeisters aufgestiegen und als solcher neben der Finanz- und Personalverwaltung bald auch für das Ernährungsdezernat verantwortlich.

Konrad Adenauer kaum wiederzuerkennen: 1924 als Kölner Oberbürgermeister (2. von rechts) nach einer Grubenfahrt mit Bergleuten im Ruhrgebiet.

Überall wurden zu diesem Zeitpunkt die Dinge des Alltags knapp, und gerade bei den Lebensmitteln wurde es eng. Bald gab es Ersatzkaffee oder Steckrüben. Der junge Adenauer – er wurde 1917 mit 41 Jahren jüngster Oberbürgermeister Deutschlands – bewies in dieser Situation Geschick und Einfallsreichtum. 1916 ließ er etwa zur Sicherung der Fleischversorgung magere Kühe ankaufen und auf eigens gepachteten Weiden bei Oldenburg treiben. Weil er in seinem Amt gleichzeitig auch die Rationalisierung von Lebensmitteln organisieren musste, verliehen die Kölner ihrem Ernährungsbeauftragten ein wenig ironisch den Spitznamen »Graupenauer«.

Weil trotz der Not dieser Jahre etwas Ordentliches auf den Tisch kommen sollte, machte sich Adenauer außerdem tatsächlich an die Erfindung der Sojawurst. Sein Ziel war ein Nahrungsmittel mit »Friedensgeschmack« – das Würstchen sollte die Menschen an bessere Zeiten erinnern. Adenauer bat sogar einen befreundeten Klinikarzt, diese »Wurst«-Produkte an seinen Patienten auszuprobieren. Das tat dieser auch – mit dem bemerkenswerten Ergebnis, dass alle Probanden »gerne noch mehr gegessen hätten«.

> *»Der Zweck, der verfolgt wird, ist, dem viel billigeren Pflanzeneiweiß in größerem Maße wie bisher im Verzehr Eingang zu verschaffen, nicht neben, sondern anstelle des tierischen Eiweißes. Der Zweck soll dadurch erreicht werden, dass dem Konsumenten das Pflanzeneiweiß gewissermaßen unter der Maske der Fleischnahrung gegeben wird, weil das Volk die Fleischnahrung kennt und liebt. Dies lässt sich erreichen durch eine beliebte Form der Fleischnahrung, durch die Wurst.«*
>
> (Konrad Adenauer 1917 über das Ziel seiner Sojawurst-Erfindung)

Frohgemut reichte Adenauer seine Entwicklung als »Verfahren zur Geschmacksverbesserung von eiweißreicher und fetthaltiger Pflanzenmehle und zur Herstellung von Wurst« beim dafür zuständigen Kaiserlichen Patentamt in Berlin ein. Allerdings mochte er, der ja inzwischen Oberbürgermeister von Köln war, nicht offiziell mit dieser Entwicklung in Verbindung gebracht werden – und so suchte er sich einen Strohmann, der für den Patentantrag seinen Namen hergab, ohne allerdings die Rechte des eigentlichen Erfinders zu schmälern.

Aber trotz aller Bemühungen: Das Kaiserliche Patentamt wollte an dem Sojawürstchen nichts Neues entdecken und verweigerte dem ambitionierten Kölner Entdecker deshalb das Patent. Damit erlitt Adenauer das Schicksal vieler Erfinder – die zuständigen Behörden wollten die Genialität ihrer Ideen einfach nicht anerkennen. Zum Glück (so lässt sich im Falle Adenauers und der Sojawurst jedenfalls festhalten) gab es da ja noch das Ausland: Hier wurde die Ersatzwurst durchaus gewürdigt – und schließlich sogar patentiert! So in Ungarn, Österreich und auch in England. Dort wurde das britische Patent am 26. Juni 1918 ausgestellt – also noch während des Weltkrieges, in dem sich England und das Deutsche Reich als Feinde gegenüberstanden – für die Erfindung: »Improvements in the composition and manufacture of sausagemeat and the like.«

> »Vater hoffte immer, mit seinen Erfindungen einmal viel Geld zu verdienen.«
>
> (Adenauers ältester Sohn Dr. Konrad Adenauer)

Selbstverständlich gab es bei Adenauer wie bei allen anderen Erfindern auch weniger praktische Neuerungen – eigentlich kann man von regelrechten Reinfällen sprechen. Dazu zählt etwa seine Elektrobürste gegen Schädlinge. Erfolglos blieb Adenauer auch mit seinem von innen beleuchteten Stopfei, das bei der Reparatur löchriger Socken dienlich sein sollte, mit seinem beleuchteten Brotröster, »bei dem der Grad der Röstung ohne vorherige Öffnung des Brotrösters und Aufklappen der Brotschnitte bestimmt werden kann« – oder mit seiner Idee zur Verhinderung des Smogs in den Städten, dem »Verfahren und Einrichtung zur Verhütung der Verunreinigung der Luft durch die Abgase, den Ruß usw. der Feuerstellen«.

*»Eigentlich habe ich den Raketenantrieb erfunden.
Die Herren beim Patentamt in Berlin aber waren zu
dumm, das zu erkennen.«*

(der verkannte Erfinder Adenauer 1964 beim Start einer amerikanischen Mondrakete)

Bei all diesen Bemühungen gab es nicht ein einziges Mal den Segen des Kaiserlichen Patentamtes. Fast könnte man sagen, dass die Anerkennung seiner erfinderischen Bemühungen im genauen Gegensatz zur Wahrnehmung seiner späteren politischen Erfolge stand. Denn nur einmal hatte eine seiner Entwicklungen den angestrebten Erfolg ...

Für welche Erfindung erhielt Adenauer sein einziges deutsches Patent?

a) Kölner Brot

b) Kölnisch Wasser

c) Kölner Klüngel

Dass man sich gegenseitig hilft und auch einmal Gefälligkeiten annimmt – das alles ist in der Politik wie im alltäglichen Leben nichts Besonderes. Diese gerne als »Kölner Klüngel« bezeichnete Form der Vermengung unterschiedlicher Interessen ist allerdings keine Erfindung Adenauers. Auch wenn ihm für seine Zeit als Oberbürgermeister der schöne Ausspruch »Mer kennt sisch, mehr hilft sisch« zugeschrieben wird und auch wenn der politische Weg des späteren Kanzlers sicherlich dank guter Beziehungen zustande kam – der Klüngel ist älter als Adenauer. Und, so sei hinzugefügt, er gedeiht heute prächtiger denn je – nicht nur in Köln. Älter als Adenauer ist übrigens auch das »Echt Kölnisch Wasser«, das Rezept des edlen Wässerchens stammt von 1792.

Tatsächlich war es das so bezeichnete »Kölner Brot«, mit dem Konrad Adenauer seine Heimatstadt »erfreute«. Denn so wirklich freuen wollte sich wohl niemand, schließlich lieferte er damit wie bei der Sojawurst ein Ersatznahrungsmittel in schlechter Zeit: Als »Verfahren zur Herstellung eines dem rheinischen Roggenschwarzbrot ähnelnden Schrotbrotes« entwickelte es Adenauer gemeinsam mit den Brüdern Jean und Josef Oebel von der Rheinischen Brotfabrik. Mit diesem Brot sollte vollständig auf die Verwendung von Roggen verzichtet werden, der in den Jahren der Kriegs- und Nachkriegszeit Mangelware war. Stattdessen wurde Mais zum Hauptbestandteil des neuen Brotes. Und diesmal kam das Berliner Patentamt gar nicht umhin, Adenauers Leistung anzuerkennen und ihm dafür Patentschutz zu erteilen – nicht überliefert ist allerdings, ob die Beamten es trotz oder wegen des Geschmacks dieses Ersatzbrotes taten ...

> *»Um die dem rheinischen, aus Roggenschrotmehl bestehenden Schwarzbrot innewohnenden vorgenannten Eigenschaften zu erzielen, wird nach der Erfindung der Hauptbestandteil des neuartigen Schrotbrotes, nämlich Mais, nach der Entschälung einer etwa 30 Minuten lang andauernden Dörrung bis auf 200 Grad Celsius ausgesetzt, der so behandelte Mais alsdann gemahlen und das Maismehl, welches durch die Dörrung seinen bekannten, sogenannten wilden Geschmack, der leicht Widerwillen gegen den Genuß des Maisschrotbrotes erzeugt, verloren hat, mit auf 40 Grad erwärmtem Wasser zu einem dicken, pappigen Teig angerührt.«*
>
> (aus dem Patentantrag für Adenauers Schrotbrot)

Die Zeit der erfolgreichen Erfindungen fiel bei Adenauer also im Wesentlichen in die Zeit der großen Krisen: Mit dem Sojawürstchen und dem Schrotbrot wollte er der akuten Lebensmittelnot während und nach dem Ersten Weltkrieg begegnen. Dafür fand

Ort des Rückzugs: Adenauer 1950 in seinem Haus in Rhöndorf.

er neben seiner anstrengenden Arbeit als Oberbürgermeister mit viel Disziplin noch die nötige Zeit. Von dieser hatte er dann nach 1933 gezwungenermaßen mehr als genug: Von den Nationalsozialisten wurde er aus dem Amt und dem öffentlichen Leben gedrängt, zweimal wurde er für Monate als politischer Häftling eingekerkert. Während der NS-Zeit lebte er völlig zurückgezogen, seit 1937 schließlich in seinem Landhaus in Rhöndorf am Rhein, wo er später Staats- und Regierungschefs aus aller Welt empfangen sollte. Hier, in der Abgeschiedenheit seines Hauses, erblickte so manche Erfindung das Licht der Welt.

In den ersten Jahren in Rhöndorf fand Adenauer – eigentlich zum ersten und letzten Mal – ausreichend Zeit für seine Familie. Drei Kinder aus der ersten Ehe mit seiner früh verstorbenen Frau Emma sowie die vier Kinder aus der 1919 geschlossenen Ehe mit Auguste bildeten samt Schwiegersöhnen und Schwiegertöchtern den Familienclan. Der Zusammenhalt der Familie war bemerkenswert – und ganz in Adenauers Sinne. Besonders während des Zweiten Weltkriegs versammelten sich die Familienmitglieder immer häufiger in dem Rhöndorfer Refugium. Hier fand der begeisterte Pflanzenfreund reichlich Gelegenheit, selbst Hand anzulegen: Den Garten hatte der Hausherr selbstverständlich selbst angelegt, und alle Veränderungen wurden von ihm sorgsam durchdacht.

»In seinem Garten in Rhöndorf fühlte er sich ganz zu Hause. Er kannte alle Blumen und Sträucher, hegte und pflegte sie, vor allem die Rosen, schützte sie vor Unkraut und Ungeziefer. Vom Garten aus sah er auf die blühende Pracht der Gärten bis hinauf zum Drachenfels und hinunter zum Rhein. ... Im Mittelpunkt seines Lebens standen die Familie und das Heim. Beides hütete er im wahrsten Sinne des Wortes. Richtig glücklich war er, wenn er die Großfamilie um sich versammelt hatte, wenn das Haus voll war, dann war ihm auch das Herz voll. Dann konnte der Patriarch nach Herzenslust schalten und walten.«

(Erinnerung des ehemaligen Adenauer-Beraters Hans Edgar Jahn)

»Heute Nacht hat der strömende Regen wieder den Boden sehr nass gemacht. Ich habe den am Hügel stehenden Apfelbaum fällen lassen, er nahm zu viel Sonne weg und brachte nichts. Durch seinen Fortfall hat die ganze obere Partie des Steingartens geändert werden müssen. Es ist sehr schön geworden, er hat jetzt mehr einen geplanten Eindruck als bisher, bisher sah er mehr nach einem Conglomerat von Beeten aus.«

(Adenauer in einem Brief an seinen Sohn Paul im Jahr 1941)

Der »Gärtner« Adenauer nach getaner Arbeit

71

Doch der Oberbürgermeister im Zwangsruhestand sollte die Ruhe von Rhöndorf nicht dauerhaft genießen können – nach dem Zweiten Weltkrieg rief wieder die politische Arbeit. Da hatte Adenauer bereits seinen 69. Geburtstag gefeiert. Für die meisten Menschen war das längst ein Alter, wo man sich verdient aufs Altenteil zurückzog. Aber es kam bekanntlich anders: Als CDU-Vorsitzender und erster deutscher Bundeskanzler lenkte er maßgeblich die Geschicke der jungen Bundesrepublik bis zu seiner Abdankung im Jahr 1963.

Der große Adenauer zelebriert einen Wahlkampfauftritt – hier für die nordrhein-westfälische CDU 1958 in Herford.

In der Bundespolitik beeindruckte der »Alte« immer wieder mit seinen dynamischen Auftritten und seiner Energie. Gerade bei den zahlreichen Wahlkampftouren schien er jüngere Mitstreiter durch sein eindrucksvolles Programm zuweilen in den Schatten zu stellen. Mit beeindruckender Präzision eilte er dabei in seinem Dienstwagen von einem Termin zum anderen – man sollte einmal ausrechnen, wie viel Wochen seiner Amtszeit der Kanzler wohl in seiner Limousine zugebracht hat. Jedenfalls verwundert es nicht, dass er deshalb ganz besondere Ansprüche an das Fahrzeug stellte ...

Was war Adenauer der Legende nach besonders wichtig bei der Wahl seines Dienstwagens?

a) schnelles Fahren mit mehr als 200 km/h

b) Diensttelefonate während der Fahrt

c) Ein- und Aussteigen mit aufgesetztem Hut

Die Freude am schnellen Fahren wird Adenauer immer wieder mal nachgesagt. Angeblich soll er seinen Fahrer manches Mal regelrecht zum Rasen angetrieben haben. Doch auch wenn es der alte Herr zwischendurch wirklich einmal eilig hatte und es gerne sah, wenn der Chauffeur zügig unterwegs war – mit seinem Mercedes 300 konnte man damals gar nicht schneller als 200 Stundenkilometer fahren.

> »Über die Lust des alten Herrn am Tempo ist viel geredet worden. Das meiste davon ist allerdings falsch. Da wird Adenauer immer wieder der Satz unterstellt: ›Jeben Se Jas, Herr Seibert.‹ Diese Aufforderung an mich kam kein einziges Mal über seine Lippen. Nie hat er mich direkt dazu animiert, schnell zu fahren, wohlgemerkt, nie direkt.«
>
> (Erinnerung seines ehemaligen Cheffahrers Peter Seibert)

Übrigens erinnerte sich sein ehemaliger Cheffahrer auch daran, dass es Adenauer zwischendurch durchaus mulmig wurde, wenn ihm eine Situation zu gefährlich erschien. Möglicherweise saß dem Kanzler immer noch die Erinnerung an den schweren Verkehrsunfall im Nacken, an dem er 1917 beteiligt war: Vermutlich war sein damaliger Chauffeur eingeschlafen, als er mit dem Dienstwagen in Köln gegen eine Straßenbahn schleuderte. Adenauer wurde durch die Trennscheibe geschleudert und erlitt zahlreiche Verletzungen am Kopf und im Gesicht, die anschließend operiert werden mussten.

Auch das Führen dienstlicher Telefonate während der Fahrt war für Adenauer nicht ausschlaggebend für die Wahl seines Wagens – denn das Autotelefon im eigentlichen Sinne existierte noch gar nicht, Adenauer konnte vom Rücksitz ausschließlich per Hörer Kontakt mit seinem Fahrer aufnehmen. Tatsächlich besagt die Legende, dass dem alten Herrn der bequeme Einstieg in das Dienstauto besonders wichtig war. Es ist die Anekdote überliefert, dass Adenauer einmal versuchte, in eine Luxuslimousine eines anderen Autoherstellers einzusteigen – und dabei sei ihm der Hut heruntergefallen. Zu wenig Platz, um samt Hut bequem einzusteigen, habe sich Adenauer da gedacht – und sei bei seinem Mercedes geblieben.

Der Kanzler, sein Auto, seine Fans: begeisterter Empfang anlässlich der Amtseinführung des neuen Bundespräsidenten Heinrich Lübke am 15. September 1959 vor Schloss Augustusburg in Brühl

Adenauer schenkte also nicht nur seinem Mercedes das Vertrauen, sondern verhalf ihm auch zu seinem Namen: »Adenauer-Mercedes« wurde schließlich der Wagen des Typs Mercedes 300 genannt. Doch so zufrieden der Bundeskanzler im Prinzip mit seinem Gefährt war (nach seinem Rücktritt vom Kanzleramt kaufte er sein gewohntes Fahrzeug sogar für den privaten Gebrauch), hier und da schien dem alten Tüftler dann doch noch eine Verbesserung vonnöten ...

> **Mit welchem vom ihm erfundenen Extra ließ Adenauer seinen Dienstwagen ausstatten?**

a) einer kombinierten Kaffee- / Teemaschine

b) einem Windabweiser zur Verhinderung von Zugluft

c) einem radargestützten Navigationssystem

Es reichte, wenn Adenauer in der Politik den richtigen Kurs bestimmen musste – bei den Autofahrten machte das dann doch der Fahrer, und dies in jenen Jahren selbstverständlich noch ohne Navigationsgerät. Und auch eine kombinierte Kaffee-/Teemaschine gab es in Adenauers Dienstwagen nicht, auch wenn der Kanzler beide Getränke schätzte. Aber den Kaffee gab es zumeist ja ohnehin an Bord, nämlich aus einer mitgebrachten Thermoskanne.

> *»Der Bundeskanzler ließ dann gewöhnlich unterwegs anhalten, um eine kurze Frühstückspause einzulegen. Frau Schlieff, die Haushälterin in Rhöndorf, gab dem Alten für solche Touren eine Thermoskanne mit Kaffee sowie einige Brötchen mit auf den Weg. Dieses einfache Frühstück wurde dann irgendwo am Straßen-*

rand verzehrt. Aber was war das für ein Kaffee! Ich hätte dieses Gebräu nicht trinken können. Diese schwarze Brühe war so dick und stark, dass vermutlich ein Löffel darin stecken geblieben wäre. Der Alte jedoch trank diesen ›Herzschrittmacher‹ mit großem Genuss, ungesüßt und ohne Milch.«

(Erinnerung von Peter Seibert an Wahlkampftouren mit Adenauer)

Und die Herstellung von Tee wäre im Dienstwagen wohl etwas schwierig geworden – zumindest wenn er nach Adenauers Geschmack hätte sein sollen. Denn hier hatte der Kanzler eine Vorliebe, die seine Mitarbeiter immer wieder vor Probleme stellte: Im Bonner Kanzleramt schätzte Adenauer gerne eine Tasse Tee, aber vor allem deshalb, weil das dafür verwendete Wasser aus dem Flüsschen Wahnbach gewonnen wurde. Und das mundete ihm ganz besonders. Das Wasser aus dem Rhein dagegen, aus dem das Trinkwasser in seinem Rhöndorfer Wohnhaus gewonnen wurde, schien ihm für wahren Teegenuss weniger geeignet. Deshalb, so erinnerte sich Adenauers Fahrer, musste er fast täglich Kannen und Kanister voller Wahnbachwasser im Palais Schaumburg in den Kofferraum des 300er Mercedes hieven und damit nach Rhöndorf kutschieren!

Bei diesen »Wasserfahrten« brauchte der Chauffeur jedenfalls nicht darauf zu achten, ob sich bei geöffnetem Fenster vielleicht Zugluft bildete. Denn diese war für Konrad Adenauer in der Tat eine lästige Sache: Wie konnte man im Sommer selbst bei zügiger Fahrt das Fenster öffnen, ohne dass es am Kopf zog? Das ließ dem Tüftler natürlich keine Ruhe. Und so entwickelte Adenauer seine »Vorrichtung zur Verhinderung der Entstehung von Zugluft« – ein Windabweiser aus Kunststoff, der außen am Wagen angebracht wurde.

Doch Adenauer erweiterte den Komfort seines Dienstwagens nicht nur durch eigene Ideen, er ließ zugleich auch das eine oder andere ab Werk vorgesehene Extra weg. So sparte er – und in diesem Falle mit ihm der Steuerzahler – in einem Falle immerhin 25 Mark. Denn als er im Januar 1959 seine neue 300er-Limousine geliefert bekam, wies die Daimler-Benz AG auf der Rechnung diesen Betrag als »Minderpreis für Wegfall der Aschenbecher im Fahrer- und Fondraum« aus. Was für den Nichtraucher Adenauer eine sinnvolle Einsparung war, sollte einige Zeit später Ludwig Erhard vor Probleme stellen, als der nämlich auf einer Fahrt einmal eine seiner Zigarren anzünden wollte. Sosehr also Adenauers kleine und großen Erfindungen manchen Zeitgenossen das Leben erleichtert haben – andere fanden die eine oder andere Idee weniger praktisch ...

Tipp zum Weiterlesen:

Hans-Peter Schwarz: Anmerkungen zu Adenauer, München 2007. Eine verlässliche und gut lesbare politische Biographie.

Die deutschen Kolonien

05

Auf der Suche nach einem »Platz an der Sonne«

Wenn wir heute von Deutschen in aller Welt sprechen, meinen wir in aller Regel die Touristen, die es auf der Jagd nach angenehmen Temperaturen, atemberaubenden Landschaften und aufregenden Abenteuern in ferne Länder zieht. Bis vor knapp neunzig Jahren war das noch anders: Damals reisten die Deutschen als Kolonialherren um den Globus, führten sich in Afrika oder der Südsee als »Herrenmenschen« auf. Das schöne Wetter suchten sie dabei nur im übertragenen Sinne. »Wir wollen niemand in den Schatten stellen«, hatte der deutsche Reichskanzler Bernhard von Bülow 1897 in einer Debatte im Reichstag erklärt, »aber wir verlangen auch unseren Platz an der Sonne.« Was England, Frankreich und die anderen hatten, nämlich ferne Kolonien, das wollten die Deutschen nun auch besitzen.

In Anbetracht der großen Begeisterung, die damals in der deutschen Öffentlichkeit für die Kolonialbewegung herrschte, ist es erstaunlich, dass wir heute kaum noch die wesentlichen Fakten dieser Geschichte kennen. Nur wenige wissen vermutlich, dass das Gebiet des heutigen Tansania einst zu »Deutsch-Ostafrika« gehörte oder dass unter der Bezeichnung »Deutsch-Neuguinea« zahlreiche Südseekolonien wie etwa die Palau- und Marshallinseln zusammengefasst wurden. Um sich in der Fremde zurechtzufinden, gaben die selbsternannten Kolonialherren den fernen Landstrichen zuweilen eigentümlich vertraut wirkende Namen – etwa Bismarck-Archipel oder Neu-Pommern. Und für

Selbsternannter Kolonialherr mit Pickelhaube: Dieses Amateurfoto von Wilhelm II. entstand während der kaiserlichen Palästina-Reise 1898.

Kaiser Wilhelm dachte man sich auch etwas Schönes aus, nämlich die Spitze eines eindrucksvollen Berges ...

Der Gipfel welchen Berges wurde nach seiner Erstbesteigung als »Kaiser-Wilhelm-Spitze« bezeichnet?

a) Kilimandscharo

b) Mount Everest

c) Ararat

Also der Ararat in der Türkei war es nicht – der hat vermutlich schon bedeutendere Besucher in seiner Geschichte erlebt, als dies deutsche Kolonialherren sein konnten: Im Ararathochland

soll nämlich laut biblischer Überlieferung nach der großen Sint-
flut die Arche Noah gelandet sein. Und der Mount Everest war es
natürlich auch nicht, der wurde schließlich erst 1953 erstmals
bestiegen, da gab es den guten Kaiser Wilhelm gar nicht mehr.

Tatsächlich war es der Kilimandscharo, der erstmals von einem
Deutschen bezwungen und dessen Spitze dann mit diesem ei-
gentümlichen Namen belegt wurde. Der Gipfelstürmer hieß
Hans Meyer, stammte aus Thüringen und war der Spross einer
bis heute berühmten Verlegerfamilie. Sein Großvater Joseph
Meyer ist unvergessen als Herausgeber des »Meyerschen Con-
versationslexikons«, und der Enkel sollte später unter anderem
Brehms »Illustriertes Tierleben« herausgeben. Hans Meyer
machte sich zugleich als Kenner der überseeischen Welt einen
Namen. So brachte er 1909 den Sammelband »Das deutsche
Kolonialreich« heraus, der bald zum Standardwerk der selbst-
ernannten Kolonialfreunde wurde.

Hans Meyer war kein Mann der Theorie, er reiste selbst in ferne
Länder. Dabei ließ ihn insbesondere der Kilimandscharo nicht
los, der damals schon sagenumwobene Berg im Herzen Afrikas.
Zusammengewachsen aus den drei Vulkanen Schira, Mawensi
und Kibo (mit dem höchsten Punkt 5.895 Meter über dem Mee-
respiegel), faszinierte dieser schneebedeckte Koloss die Besucher
aus aller Welt, und lange galt es vielen als Legende, dass dort
oben tatsächlich Schnee liegen sollte. Schnee mitten in Afrika –
wer sollte das glauben?

Bis zum 6. Oktober 1889 hatte niemand auf dem Gipfel des
Kilimandscharos gestanden. Dann kam Hans Meyer – dem gelang es erst bei seinem dritten Versuch in wenigen Jahren. Und
ganz alleine war er natürlich auch nicht, an seiner Seite kletter-
te der österreichische Alpinist Ludwig Purtscheller, der zum
Glück für das kaiserliche Deutschland anscheinend nicht auf
den Gedanken gekommen war, den riesigen Berg zu österreichi-
schem Besitz zu erklären ...

Der Aufstieg auf den Kilimandscharo von der Süd-Ost-Seite – handschriftliche Skizze von Meyers Weg auf die »Kaiser-Wilhelm-Spitze«.

*»Um 1/2 11 Uhr betrat ich als erster die Mittelspitze.
Ich pflanzte auf dem verwetterten Lavagipfel mit
dreimaligem, von Purtscheller kräftig sekundiertem
›Hurra‹ eine kleine, im Rucksack mitgetragene deutsche Flagge auf und rief frohlockend: ›Mit dem Recht
des ersten Ersteigers taufe ich diese bisher unbekannte, namenlose Spitze des Kibo, den höchsten Punkt
afrikanischer und deutscher Erde: Kaiser-Wilhelm-
Spitze.‹«*

(Hans Meyer über seine Erstbesteigung des Kilimandscharo)

*»Auch bei klarem Wetter ist das Panorama vom Kibo
durchaus keine ›schöne Aussicht‹. Die Höhe ist viel zu
kolossal, die horizontale Entfernung des breit ausle-
genden Basisgebirges viel zu groß, als daß man in
dem von heißer Luft flimmernden Unterland der
Steppen etwas recht deutlich sehen könnte.«*

(wie Hans Meyer vom Kilimandscharo herunterschaute ...)

Meyer sprach vom Aufstieg auf den »höchsten Punkt deutscher
Erde«, weil der Kilimandscharo im Nordosten der Kolonie
»Deutsch-Ostafrika« lag, der größten deutschen Kolonie auf
afrikanischem Boden – fast eine Million Quadratkilometer groß
(und damit fast dreimal so groß wie das heutige Deutschland).
Zusätzlich zählte das Deutsche Reich in Afrika noch »Deutsch-
Südwestafrika« (das heutige Namibia), Kamerun und Togo zu
seinen Besitzungen.

Das waren für den heutigen Betrachter ziemlich große Gebiete, aber verglichen mit den großen europäischen Kolonial-
mächten England und Frankreich nahm sich das alles ziemlich
bescheiden aus. Da konnte Kaiser Wilhelm II. noch so herrlich
schwadronieren von dem »Weltreich« Deutschland und den angeblichen »Millionen an Werten«, die da auf den Weltmeeren
unterwegs gewesen sein sollen – das war im Wesentlichen rhe-
torisches Getöse von kaiserlichen Gnaden. Tatsächlich brach-

ten diese Besitztümer der deutschen Wirtschaft zu Hause keine neuen Impulse.

> *»Aus dem Deutschen Reiche ist ein Weltreich geworden. Überall in fernen Teilen der Erde wohnen Tausende unserer Landsleute. Deutsche Güter, deutsches Wissen, deutsche Betriebsamkeit gehen über den Ozean. Nach Tausenden von Millionen beziffern sich die Werte, die Deutschland auf der See fahren hat.«*
> (Kaiser Wilhelm II. in einer Tischrede, 1896)

Außerdem wurde das Deutsche Reich im Vergleich zu anderen europäischen Staaten vergleichsweise spät zu einer Kolonialmacht, Reichskanzler Otto von Bismarck hatte sich nie so recht zu einem klaren Kolonialkurs entschließen können. Erst unter Wilhelm II., dem forschen jungen Kaiser mit Weltmachtsphantasien, versuchte sich Deutschland noch einen Platz am Tisch der Kolonialmächte zu sichern. Der Erfolg war mäßig. Gemeinsam mit den wenigen Kolonien in Afrika bildeten die kleineren Südseekolonien den gesamten deutschen Kolonialbesitz. Strategisch, wirtschaftlich und bevölkerungspolitisch waren und blieben diese Gebiete unerfüllte Hoffnungen.

> *»Zu Großem sind wir noch bestimmt, und herrlichen Tagen führe ich euch noch entgegen.«*
> (Kaiser Wilhelm II., 1892)

Der Landerwerb fern der Heimat war nicht immer ganz einfach. Dabei scherten sich die Europäer meist sehr wenig darum, was die Menschen etwa in Afrika wollten. Wichtig war es seinerzeit lediglich, ob sich die Europäer einig waren. So auch in jenem Fall, als sich England und Deutschland 1890 in einem Vertrag über ihre jeweilige Herrschaft in Afrika verständigten. Ein Teil der zwischen den beiden Ländern getroffenen Abmachung sah vor, dass das Deutsche Reich die britische Herrschaft auf Sansibar anerkannte, jener großen Insel vor der Küste Ostafrikas, die in der Folgezeit als wichtiger Baustein im britischen Kolonialgebilde galt. Im Gegenzug erhielten auch die Deutschen eine Insel, die gut in ihr strategisches Konzept passte ...

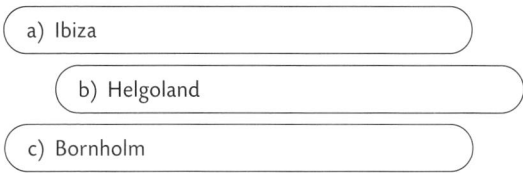

Welche Insel wurde 1890 von Großbritannien an das Deutsche Reich abgetreten?

a) Ibiza

b) Helgoland

c) Bornholm

Ibiza wäre natürlich langfristig die beste Partie gewesen, doch »leider« war die Baleareninsel damals schon in spanischem Besitz, so wie übrigens auch Bornholm zu Dänemark gehörte – in beiden Fällen hätte England die Inseln also gar nicht abtreten können. Mit Helgoland verhielt es sich anders: Schon seit Anfang des 19. Jahrhunderts waren die Briten Herrscher über die Felseninsel, die zuvor in dänischem Besitz gewesen war. Jetzt erschien London das knapp zwei Quadratkilometer große Eiland als guter Tausch gegen deutsche Zugeständnisse in Afrika – und so erhielt die Vereinbarung, die offiziell »Vertrag zwischen Deutschland und England über die Kolonien und Helgoland vom 1. Juli 1890« hieß, die knappe Bezeichnung »Helgoland-Sansibar-Vertrag«.

> *»Vorbehaltlich der Zustimmung des britischen Parlaments wird die Souveränität über die Insel Helgoland nebst der Zubehörungen von Ihrer Majestät an Se. Majestät den Deutschen Kaiser abgetreten.«*
> (Helgoland-Sansibar-Vertrag von 1890, Artikel XII)

Aber in diesem Vertrag zwischen London und Berlin ging es nicht nur um Inseln in nah und fern, sondern vor allem um konkrete Grenzziehungen mitten in Afrika. So entstanden zuweilen territoriale Gebilde mit bizarren Grenzen. Wie mit dem Lineal gezogen nahm etwa die zweitgrößte deutsche Kolonie endgültige Gestalt an, »Deutsch-Südwestafrika«. Zugleich wich man hier allerdings auf deutschen Wunsch hin auch einmal von der geraden Linie ab und schuf damit ein eigentümliches Gebilde ...

Welcher bis heute so benannte afrikanische Landstrich entstand im Zuge des »Helgoland-Sansibar-Vertrages« von 1890?

a) der Caprivi-Zipfel

b) der Bülow-Bogen

c) der Tirpitz-Tunnel

Der Landstrich, um den es hier geht, hat ziemliche Ausmaße: Er ist 460 Kilometer lang, dafür allerdings nur zwischen 30 und 90 Kilometer breit. Er liegt im Herzen Afrikas, verband einst die Kolonie »Deutsch-Südwestafrika« mit dem legendären Fluss Sambesi im Inneren des Kontinents und schuf damit eine Transportverbindung zu der an der ostafrikanischen Küste gelegenen Kolonie »Deutsch-Ostafrika«. Hätten die Deutschen damals gekonnt, sie hätten diesen Landstreifen vermutlich nach Reichskanzler Otto von Bismarck benannt. Das ging aber nicht mehr, weil der im Frühjahr 1890 entlassen worden war. Sein Nachfolger als Reichskanzler und preußischer Ministerpräsident war General Leo Graf von Caprivi – und dieser verlieh dem Landstrich im heutigen Namibia seinen Namen.

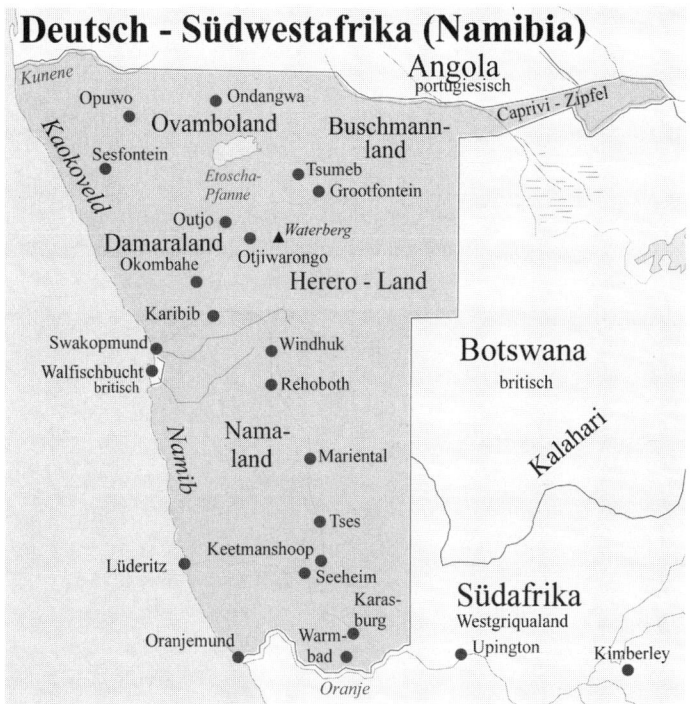

Deutsch - Südwestafrika (Namibia)

Kunene

Angola
portugiesisch

Caprivi - Zipfel

Opuwo • Ondangwa

Ovamboland

**Buschmann-
land**

Kaokoveld

Sesfontein

Etoscha-
Pfanne

• Tsumeb

• Grootfontein

Outjo • ▲ Waterberg

Damaraland

Okombahe • Otjiwarongo

Herero - Land

Karibib •

Swakopmund •

• Windhuk

Botswana
britisch

Walfischbucht •
britisch

• Rehoboth

Namib

**Nama-
land**

• Mariental

Kalahari

• Tses

Keetmanshoop •

Lüderitz •

• Seeheim

Karas-
burg

Südafrika

Westgriqualand

Oranjemund •

Warm-
bad •

• Upington

Kimberley

Oranje

Karte von »Deutsch-Südwestafrika«, im Nordosten lässt sich der »Caprivi-Zipfel«
erkennen.

Einen ganz besonderen Reiz auf die deutsche Kolonialbegeiste-
rung übte allerdings die Südsee aus. Die damalige Vorstellung
von der dortigen Welt erinnert dabei sehr an heutige Träume
von weißen Stränden, von exotischen Früchten und fröhlichen
Menschen. Am Anfang dieser Südseeschwärmerei standen übrigens deutsche Matrosen, die in jenem Winkel des Globus de-
sertiert waren – die Aussicht auf die Schönheit jener Welt schien
ihnen allemal attraktiver als die auf Knechtschaft an Bord oder
auf trübe Regentage im fernen Europa. Aber bald schon kamen
Menschen mit strategischem Anliegen nach: zunächst die Kauf-

leute, später dann Kolonialbeamte und Soldaten, schließlich auch Missionare. Ihr Ziel war Neuguinea oder auch Samoa. Die Inseln und ihre Menschen übten auf die Deutschen einen regelrechten Zauber aus – schon länger fanden sich (immer etwas neidisch klingende) Loblieder auf die Südseeinsulaner.

»Man sollte oft wünschen, auf einer der Südseeinseln als sogenannter Wilder geboren zu sein, um nur einmal das menschliche Dasein ohne falschen Beigeschmack durchaus rein zu genießen.«
(Johann Wolfgang von Goethe, 1828)

»Es dürfte einer der schönsten und eigenartigsten Eindrücke sein, die heutzutage geboten werden können, die kräftigen und teilweise geradezu klassisch schön gewachsenen Menschen mit ihrer prachtvollen braunen Haut in ihren graziösen Tänzen zu bewundern. Es sollte auch weiterhin alles getan werden, um diese Sitten und Tanzgebräuche der Samoaner, als eines der interessantesten Naturvölker, erhalten zu helfen.«
(ein deutscher Admiral über die polynesische Bevölkerung Samoas, 1910)

Doch die Deutschen – und damit führten sie sich auf wie alle Kolonialherrscher zu allen Zeiten – fühlten sich in ihrem fernen Paradies nur so lange wohl, wie alles nach ihren Vorstellungen organisiert war. Und dafür versuchten sie gründlich zu sorgen: Sie bauten eine Verwaltung auf, mühten sich um Telegraphenverbindungen, erklärten den fremden Menschen ihre eigenen Vorstellungen von Hygiene und organisierten Schulen nach deutschem Vorbild. Das führte übrigens dazu, dass für den Deutschunterricht der »1. Knabenklasse« einer Schule Mikronesiens »die Robinsonerzählungen« auf dem Lehrplan standen – als ob diese Kinder das Leben auf einer Südseeinsel nicht viel besser gekannt hätten ...

Schüler einer deutschen Missionsschule auf Neuguinea 1897. Vor biblischen Motiven mussten sie ernst in die Kamera schauen. Nur einer lachte – und wurde unscharf.

Sympathie und Begeisterung für die Südsee und ihre Menschen brachten die deutschen Kolonialherren außerdem nur auf, wenn die Einheimischen sich so verhielten, wie jene es wollten. Wer nicht in dem Sinne stramm arbeiten wollte, wie es sich die Deutschen vorstellten, den bezeichneten sie als »faul«. Und wer die Besitzvorstellungen der Europäer nicht teilte, machte sich sofort des »Kommunismus« verdächtig ...

> »Vom Charakter her sind die Leute gutartig und untereinander freigiebig, ein Stück Brot wandert von Einem zum Andern, nachdem Jeder einen Bissen genommen hat, ebenso eine Cigarre, von der sie nur einen Zug nehmen, um sie dann weiter zu geben. Mit diesem Kommunismus steht vielleicht der Hang zum Stehlen in Verbindung. Hierin besonders sind sich alle Stämme gleich.«
>
> (ein deutscher Kolonialbeamter in einem Bericht an Reichskanzler Otto von Bismarck, 1886)

Ein Andenken für daheim: Deutsche Seemänner posieren um 1900 auf ihrem Schiff mit Insulanern einer Südsee-Kolonie.

Dabei darf man in der Rückschau nicht vergessen, dass sich einige Deutsche unter der für sie ungewohnt heißen Sonne der Südsee zuweilen auch recht eigentümlich benahmen – und dies sowohl in den Augen der Eingeborenen wie der Deutschen. Das gilt beispielsweise für den aus Nürnberg stammenden Apotheker August Engelhardt. In der deutschen Kolonie Neuguinea glaubte dieser das unverdorbene Paradies gefunden zu haben und erwarb dort im Jahr 1902 ein kleines Inselchen samt einer Kokosplantage. Das war wichtig, denn Engelhardt pflegte in der Folgezeit den sogenannten »Kokovorismus«. Ihre Anhänger, die sich »Kokovoren« nannten, glaubten durch den ständigen Verzehr von Kokos zu einem unsterblichen Dasein zu gelangen. Mit der Zeit kamen immer mehr Naturfreunde aus Deutschland – und manche blieben auf dem Inselchen, wo ihr Anführer schließlich seiner Gemeinschaft den Namen »Sonnenorden« verlieh.

Es versteht sich angesichts des warmen Klimas von selbst, dass die Engelhardt'schen Kokos-Freunde als gute Lebensreformer ihrer Zeit überzeugte Nudisten waren. Doch trotz ihrer vermeintlich so gesunden Lebensweise: Immerwährende Gesundheit und die angestrebte Unsterblichkeit auf Erden blieb auch ihnen verwehrt. Stattdessen wurden Engelhardt und einige seiner nachgereisten Jünger immer wieder krank, zwei von ihnen starben wohl aufgrund der Strapazen und der einseitigen Ernährung. Und schon einige Jahre später gaben die »Kokovoren« ihre kleine Kolonie wieder auf – so wie für manch andere Utopisten erfüllte die Südsee eben doch nicht alle Wünsche.

> *»Weißer Korallensand, märchenhaft schöne Meerbäder (Korallengrund) und Bootfahrten auf der flachen See; abends berückendes Schauspiel des Meerleuchten. [...] Das Klima ist überaus gleichmäßig [...] Wir gehen immer nackend, daher wird die Hitze nie lästig! Auch verliert sich bei Rohkost der Durst vollständig, insbesondere wenn man Gelegenheit hat, sich jederzeit im Ozean zu baden.«*
>
> (Bericht eines Mitglieds des »Sonnenordens« in der deutschen Zeitschrift »Vegetarische Warte«, 1904)

In Deutschland wusste man im Detail wohl nicht immer so ganz genau, was sich da in der fernen weiten Welt wirklich abspielte – im Fall von Naturaposteln wie dem Apotheker Engelhardt war das vielleicht auch besser so. Aber generell mussten die Befürworter eines deutschen Kolonialreichs daran interessiert sein, daheim das Wissen über die Besitzungen zu vergrößern – damit die Begeisterung für die Kolonien nicht verlorenging. Also brauchte es Werbung. Und weil es das Fernsehen noch nicht gab (das wäre sicher der einfachste Weg gewesen), musste man sich für eine andere Präsentation entscheiden. Für ihre Realisierung war ein ziemlicher Aufwand nötig, aber das war es den Kolonialbefürwortern wert ...

Mit welcher Attraktion wollte man in Berlin 1896 der deutschen Bevölkerung einen möglichst positiven Eindruck von den deutschen Kolonien vermitteln?

a) einer Ausstellung samt 103 Eingeborenen als lebende »Exponate«

b) einem 124 Meter hohen Nachbau des Kilimandscharo mit künstlichem Schnee

c) einem Auftrieb 180 wilder Tiere durch das Brandenburger Tor

Berlin musste schon zu damaligen Zeiten viel Künstliches und Wildes erleben – aber weder den nachgebauten Vulkan noch den Durchmarsch der wilden Tiere hat es tatsächlich gegeben. Vielmehr wurde bei der Berliner Kolonialausstellung von 1896 versucht, ein möglichst authentisches Bild von den deutschen Kolonien zu zeichnen – inklusive exotisch anmutender Eingeborener mitten im Treptower Park. Mit viel Aufwand wurde die Ferne hier nachgebaut, die Besucher konnten zwischen Palmen und anderen Tropenpflanzen hindurch nachgebaute afrikanische Hütten, arabische Befestigungsanlagen oder indische Kolonialbauten bewundern. Und mittendrin: 103 »Eingeborene«, und zwar 95 Afrikaner und acht »Schutzbefohlene« aus Neuguinea.

Die ausgestellten Menschen sollten »Eingeborene« spielen. Dem Berliner Publikum sollten sie unterhaltsame Vorführungen wie Fetischtänze, Kriegsspiele oder die Kunst des Trommelns präsentieren. Zwischen den Vorführungen durften sie allerdings nicht faul herumsitzen, sondern mussten fleißig den ihnen zugeschriebenen Tätigkeiten nachgehen. Denn man hatte ganz bewusst Handwerker angeworben – etwa einen Goldschmied, einen Hutmacher und einen Netzmeister aus Togo. Ein halbes Jahr sollten sie sich in Berlin zeigen – gegen ein monatliches Entgelt zwischen 15 und 20 Mark, freier Verpflegung und übrigens auch witterungsgeeigneter Kleidung für die Berliner Verhältnisse.

Auch ansonsten hatten die Veranstalter alles preußisch-ordentlich organisiert: die regelmäßigen Weckzeiten (um sechs Uhr morgens), die Mahlzeiten (Frühstück mit »Tee und für jede Person zwei Schrippen«, Abendessen einschließlich »einer Flasche Bier und einem Esslöffel Rum für jeden«) oder die regelmäßigen ärztlichen Untersuchungen (die allerdings nicht verhinderten, dass drei der Akteure an Lungenentzündung starben). Die deutschen Besucher durften die Hütten der »Eingeborenen« betreten, ihre Gebrauchs- und Kultgegenstände betrachten oder an ihren Festen teilnehmen. Und auf Wunsch gab es auch besondere kulturelle Leckerbissen: So sangen Massai-Krieger in voller Kriegsausrüstung »Deutschland, Deutschland über alles« oder »Heil Dir im Siegerkranz«.

> »In der Kolonialausstellung gibt es Negerdörfer mit Eingeborenen. Die Eingeborenen sind aus unsern fernen Siedelungen herantransportiert, die primitiv-grotesken Hütten wohl künstlich nachgeahmt. Ein unglaubliches Tohuwabohu empfängt den Besucher. Unsere transatlantischen Brüder halten sich nämlich für sehr musikalisch, aber sie sind es nicht – bei Gott, nein!!«
>
> (der Schriftsteller Alfred Kerr nach dem Besuch der Ausstellung)

Nachdem die Deutschen tagsüber begeistert durch »ihre Kolonien« gezogen waren und sich an deren Menschen sattgesehen hatten, drehten diese des Abends – wenn die Besucher längst wieder daheim waren – zuweilen den Unterhaltungsspieß um:

Dann machten sich die »Eingeborenen« zu ihrer eigenen Belustigung einen Spaß daraus, mit nachgemachten Monokeln und Spazierstöcken die Berliner Bürger oder preußischen Offiziere nachzuahmen, die sie tagsüber so neugierig begafft hatten ...

Togo in Berlin: Wunschgemäß spielen diese Afrikaner für die Hauptstädter des Deutschen Reiches von morgens bis abends »Unsere Kolonien«.

»Manches, was die Leute am Tage gesehen und einen besonderen Eindruck bei ihnen hinterlassen hatte, wurde nun in kindlicher Weise nachgeahmt. Bald kopierte einer ein Patentgigerl, kniff einen Ring als Monocle ins Auge und stolzierte, ein Spazierstöckchen schwingend, schloddrig, den Kopf nach vorn übergebeugt, einher, wie er es dem Original abgelauscht hatte.«

(aus dem Amtlichen Bericht der Kolonial-Ausstellung)

»Warum sein Ehrgeiz gerade darauf verfallen war,
ein Opernglas zu besitzen, haben wir leider nicht zu
ergründen vermocht; denn als wir ihn fragten, was
er mit dem Glase zu thun gedenke, sah er uns nur
mit einem niederschmetternd verächtlichen Blick an,
nahm es wieder aus dem Futteral und betrachtete,
ohne uns eines Blickes zu würdigen, dadurch eine
Gruppe von Besuchern, die sich um uns angesammelt
hatte.«

(ein Besucher der Kolonial-Ausstellung über seine Begegnung
mit einem Kameruner Häuptlingssohn, der seinerseits die
Berliner beobachten wollte)

Die Berliner Ausstellung war übrigens auch nötig geworden –
denn die Stimmung im Deutschen Reich war längst nicht mehr
so überschwänglich, wie es die Kolonialbefürworter gerne gehabt hätten. Langsam setzte sogar regelrechter Verdruss ein, die
afrikanischen Besitzungen wurden – weil man allmählich ihren
doch sehr begrenzten wirtschaftlichen Nutzen erkannte – zuweilen als unergiebige »Sandbüchsen« verspottet, die man besser
wieder abgeben sollte. Wenn man so will, nahm der Verlauf und
das Ende des Ersten Weltkriegs den Deutschen die Last ab, sich
hier weitere Gedanken machen zu müssen: Mit dem Versailler
Vertrag von 1919 musste das Deutsche Reich nämlich nach dem
Willen der Siegermächte alle seine überseeischen Kolonien abtreten.

»Außerhalb seiner Grenzen in Europa, wie sie durch
den gegenwärtigen Vertrag festgesetzt sind, verzichtet
Deutschland auf sämtliche Rechte, Ansprüche und
Vorrechte, auf und in Bezug auf alle ihm oder seinen
Verbündeten gehörenden Gebiete sowie auf alle
Rechte, Ansprüche und Vorrechte, die ihm aus ir-
gendwelchem Grunde den alliierten und assoziierten
Mächten gegenüber bislang zustanden [...]

Deutschland verzichtet zugunsten der alliierten und assoziierten Hauptmächte auf all seine Rechte und Ansprüche bezüglich seiner überseeischen Besitzungen.«

(Artikel 118 und 119 in Teil IV des Versailler Vertrags)

Mit dem »Verlust« der Kolonien setzte dann bald auch das Vergessen ein. Das gilt in besonderem Maße für das menschenverachtende Verhalten der ehemaligen »Herrenmenschen« gegenüber den Einheimischen Afrikas: Nur weil es im Jahr 2004 ein Jubiläum der hässlichen Natur gab, erinnerte man sich mühsam an den sogenannten Hereroaufstand, der hundert Jahre zuvor begann. Die deutschen Schutztruppen antworteten auf das Aufbegehren gegen die Fremdherrschaft mit zügelloser Gewalt, die Zehntausenden Hereros das Leben kostete.

Dieser Gipfel deutscher Gewaltbereitschaft sollte uns zugleich nicht vergessen lassen, dass auch andere Gewalttaten und Ungerechtigkeiten in den Kolonien an der Tagesordnung waren: Kolonialherrschaft hieß immer auch Fremdherrschaft und Unterdrückung – das Prinzip Freiwilligkeit hat es auf der anderen Seite nie gegeben. Mag man hierzulande vom »Platz an der Sonne« gesprochen haben, mit ihrem Kolonialstreben sorgten die Deutschen für reichlich Schatten in der Welt und in ihrer Geschichte.

Tipps zum Weiterlesen:

Gisela Graichen / Horst Gründer: Deutsche Kolonien. Traum und Trauma, Berlin 2005. Eine reich bebilderte, gut zu lesende Darstellung.

Hermann Joseph Hiery (Hg.): Die Deutsche Südsee 1884–1914. Ein Handbuch, Paderborn/München/Wien/Zürich 2002. Ein erschöpfender Überblick über die deutschen Kolonien in der Südsee.

»O'zapft is!«

Aus der Geschichte des Bieres

06

Endlich mal ein Thema, wo eigentlich alle mitreden können – denn mit ihrem Bier kennen sich die Deutschen aus wie sonst nur mit wenigen Dingen auf der Welt. Immerhin trinkt jeder Deutsche im Jahr mehr als hundert Liter Bier, weit über tausend Brauereien ringen mit über 5.000 verschiedenen Biermarken im Lande um die Gunst der durstigen Kehlen. Helle und dunkle Biere, Pils und Export, Herbes, Feines, Würziges, Weizen- oder Schwarzbiere – für jeden Geschmack hält der deutsche Biermarkt etwas Passendes bereit.

Doch bei allen Unterschieden, die deutsche Genießer zwischen ihren Favoriten herausschmecken können (oder glauben, herausschmecken zu können): Im Prinzip sollte in allen Gläsern und Flaschen das Gleiche drin sein, nämlich nur diejenigen Zutaten, die nach dem »Deutschen Reinheitsgebot« zugelassen sind. Den deutschen Biertrinkern ist dieses Gebot heilig wie kein anderes, und gemeinsam mit den Brauereien zeigten sie sich stets entrüstet, wenn sie ihr Heiligtum durch anders hergestellte, zumeist ausländische Biere gefährdet sahen. Fremde Zusatzstoffe? Nein danke! Bei so viel Enthusiasmus für der Deutschen liebstes »Lebensmittel« kann man wohl erwarten, dass auch wirklich alle wissen, was in einem guten deutschen Bier drin sein darf. Oder?

97

Welche zulässigen Zutaten nannte das »Reinheitsgebot« von 1516?

a) Gerste, Hopfen, Wasser

b) Weizen, Malz und Wasser

c) Hopfen, Mais und Wasser

Tatsächlich wird Mais heute bei der Herstellung einiger ausländischer Biere verwendet, ebenso wie Reis. Aber das »Reinheitsgebot« konnte den Mais noch gar nicht erwähnen, weil diese mittel- und südamerikanische Pflanze hierzulande damals noch gar nicht bekannt war – erst im 17. Jahrhundert wird Mais auch in der Alten Welt angebaut. Stattdessen bestimmte das Reinheitsgebot von 1516, dass »in unseren Städten, Märkten und auf dem Lande zu keinem Bier mehr Stücke als allein Gersten, Hopfen und Wasser genommen« werden dürfte. So stand es geschrieben in der Landesverordnung der bayerischen Herzöge Wilhelm IV. und Ludwig X., die überschrieben war mit dem Titel: »Wie das Pier summer und wintter aufm land sol geschennckt geprawen werden.«

> »Wir wöllen auch sonnderlichen, das füran allenthalben in unsern Stetten, Märckten unnd auf dem Lannde zu keinem Pier merer stuckh dann allain Gersten, hopffen und wasser genommen und gepraucht sölle werden. Welher aber diese unnsere ordnung wissenntlich überfarn und nit hallten würde, dem sol von seiner gerichtzöbrigkeit dasselbig vas pier zustraff unnachlässlich so offt es geschicht genommen werden.«
>
> (aus dem »Reinheitsgebot« von 1516)

Bis zu diesem Zeitpunkt war die Herstellung von Bier nur durch vereinzelte Bestimmungen geregelt (auch gab es bereits erste Bemühungen um die »Reinheit«), jetzt galt fortan eine bindende Verordnung, und das immerhin für ganz Bayern. Schluss war es jetzt mit der Kreativität manch selbsternannter Braumeister. Die mengten ihrem Bier zuweilen auch Baumrinde oder Honig bei, manchmal auch Pilze, Wacholder, Salbei oder diverse andere Kräuter. Und ob das verwendete Wasser wirklich immer frisch war, darf man angesichts manch alter Zeugnisse wohl mit Recht bezweifeln. Und so war der Bierpanscher vielleicht nicht gerade ein üblicher Beruf – aber es gab doch eine Menge von ihnen. Wenn sie mit schlecht bekömmlichem Gesöff erwischt wurden, drohte ihnen als Strafe unter anderem, dass sie ihr »Produkt« selbst trinken mussten – eine Sanktion, die man heute manchen Weinpanschern gerne an den Hals wünschen würde.

Der Bierbreuwer.

Auß Gersten sied ich gutes Bier/
Feißt vnd Süß/auch bitter monier/
In ein Breuwkessel weit vnd groß/
Darein ich denn den Hopffen stoß/
Laß den in Brennten külen baß/
Damit füll ich darnach die Faß
Wol gebunden vnd wol gebicht/
Denn giert er vnd ist zugericht.

41

Der Bierbrauer – Holzschnitt aus dem Jahr 1568

Übrigens sprach die herzögliche Landesverordnung an keiner Stelle von einem »Reinheitsgebot« – dieser Begriff kam erst ein paar Jahrhunderte später auf, vermutlich sogar erst zu Beginn des 20. Jahrhunderts. Da hatte sich der Inhalt dieser Anordnung längst weit über die bayerischen Grenzen hinaus durchgesetzt. Im Jahr 1906 wurden diese Vorgaben für fast alle Regionen des

Deutschen Reiches im »Brausteuergesetz« unter Kaiser Wilhelm II. umgesetzt.

> *»Zur Bereitung von untergärigem Biere darf nur Gerstenmalz, Hopfen, Hefe und Wasser verwendet werden. Die Bereitung von obergärigem Biere unterliegt derselben Vorschrift, es ist jedoch hierbei auch die Verwendung von anderem Malze und von technisch reinem Rohr-, Rüben- oder Invertzucker, sowie von Stärkezucker und aus Zucker der bezeichneten Art hergestellten Farbmitteln zulässig.«*
> (§ 1 des »Brausteuergesetzes« vom 3. Juni 1906)

Bier ist eines der ältesten Getränke der Welt: Bereits im 3. Jahrtausend v. Chr. wussten die Sumerer zwischen Euphrat und Tigris um das leckere Ergebnis der Gärung stärkehaltiger Stoffe. So wurde in Mesopotamien Bier zu einem verbreiteten Volksgetränk. Vom Vorderen Orient aus verbreitete es sich in der Antike im gesamten Mittelmeerraum. Allerdings wissen wir von den Griechen und Römern, dass sie dann doch lieber dem Wein zusprachen. Und allzu oft ordneten sie das Bier den »Barbaren« zu, allen voran den Germanen. Ihre vermeintliche Trinkfreude war unverzichtbarer Bestandteil jener Vorstellung, die die römische Welt von unseren Vorfahren hatte.

> *»Als Getränk dient ihnen ein Saft, der unter Verwendung von Gerste oder Weizen bereitet und ähnlich wie Wein vergoren ist; die Anwohner des Rhein- oder Donauufers kaufen sich auch richtigen Wein. Die Speisen sind einfach: wild wachsendes Obst, frisch erlegtes Wildbret oder geronnene Milch; sie stillen den Hunger ohne die Speisen besonders zuzubereiten oder zu würzen. Gegen den Durst zeigen sie nicht die gleiche Beherrschtheit. Wenn man ihrer Trinklust dadurch Vorschub leistet, dass man ihnen so viel zu-*

Bei einigen gilt das heute noch: »Die alten Deutschen tranken immer noch Eins« hieß es 1880 auf dem Notenblatt eines gleichlautenden Liedes.

führt, wie sie trinken wollen, wird man sie ebenso
leicht durch ihre eigenen Laster wie durch Waffen-
gewalt bezwingen können.«

(Tacitus in der »Germania« über die Germanen)

Ob die Kampfkraft der Germanen nun durch ihr selbstgebrautes Bier geschwächt oder eher gestärkt wurde, wollen wir einmal dahingestellt sein lassen. Immerhin – das wusste ja auch schon der römische Geschichtsschreiber Tacitus – haben die Germanen im Jahr 9. n. Chr. den Römern bei der »Schlacht im Teutoburger Wald« ihre körperlichen wie strategischen Möglichkeiten deutlich unter Beweis gestellt. Vielleicht hätten die Römer vorher auch zum Bier greifen sollen ...

Was den Bierkonsum vergangener Jahrhunderte angeht, so fehlen dazu wirklich verlässliche Angaben. Sicher scheint allerdings, dass der Verbrauch alkoholischer Getränke in der Vergangenheit extrem hohe Werte erreichte. Und dabei wurde deutlich mehr Bier als Wein getrunken. So ist für Schweden überliefert, dass man dort im 16. Jahrhundert etwa 40-mal so viel Bier wie heute trank. Und englische Familien nahmen im 17. Jahrhundert wohl drei Liter pro Tag und Kopf zu sich – wobei Kinder in dieser Berechnung schon berücksichtigt sind.

»Der Krug Bier«, so heißt dieses um 1660 entstandene Gemälde. Und der sollte auch diesem Mann nach harter Arbeit wieder Kraft geben.

Dieser hohe Konsum lässt allerdings keineswegs den schlichten Rückschluss zu, dass unsere Ahnen in Europa hemmungslose Säufer gewesen wären. Vielmehr war zunächst einmal der Durst damals ein anderer – und damit auch das Verlangen nach einem ordentlichen Durstlöscher: Eine Vielzahl mit Salz konservierter Nahrungsmittel (Fleisch, Fisch oder Käse wurden zu der Zeit so haltbar gemacht) verstärkten nämlich das tägliche Durstgefühl. Darüber hinaus war das Bier den ärmeren Menschen noch weit mehr, nämlich ein willkommener Kalorienlieferant: ein wichtiges Lebensmittel, schnell und leicht verfügbar. Je ärmer und je eintöniger die Nahrung war, desto größer war die Bedeutung des Bieres.

> *»Einige leben mehr von diesem Getränk als von richtigem Essen; alle brauchen es, Männer und Frauen, Alte, Gesunde und Kranke.«*
>
> (ein deutscher Beobachter über den Bierkonsum seiner Zeitgenossen im Jahr 1551)

Bis ins Mittelalter hinein war es absolut üblich, dass sich jeder sein eigenes Bier herstellte – im Rahmen der sogenannten »Hauswirtschaft«. Erst mit der Zeit wurde das Brauen ein eigenständiges Gewerbe. Dabei gab es in Deutschland schon früh deutliche regionale Unterschiede ...

In welcher dieser Städte gab es Mitte des 16. Jahrhunderts die meisten Brauhäuser?

a) München

b) Köln

c) Hamburg

Wer jetzt auf Süddeutschland gesetzt hat, sieht sich getäuscht – und auch Köln konnte damals nicht mithalten. Vielmehr war seinerzeit Hamburg Deutschlands Brau-Hauptstadt. Der Grund dafür war allerdings nicht der größere Durst der Norddeutschen (etwa angesichts der nahen salzhaltigen Meeresluft), sondern die Bedeutung des Bieres als Handelsware: Die aufstrebenden Hansestädte exportierten heimisches Bier zunehmend auch ins Ausland, nach Holland, England oder auch ins Baltikum. Vor allem Hamburg bot den Brauern funktionierende Handelswege, einen großen Hafen und ausreichend Wasser. In der Stadt drängten sich die Brauhäuser insbesondere in den Straßen, die parallel zu Fleeten lagen, weil sie deren Wasser für das Brauen nutzen konnten (heute würde wohl niemand ernsthaft dieses Wasser trinken wollen). Hamburg machte also das Geschäft: Hier zählte man um 1550 über 500 Brauhäuser – und damit ungefähr zehnmal so viel wie in München.

>*Lübeck ein Kaufhaus*
Lüneburg ein Salzhaus
Danzig ein Kornhaus
Köln ein Weinhaus
Hamburg ein Brauhaus.«
(überliefertes Sprichwort über deutsche Städte
und ihre Waren)

Schon damals wussten die Kunden der Brauer sehr wohl die Qualität des deutschen Bieres zu schätzen. So ist es kein Wunder, dass man hierzulande immer mehr Wert auf die Inhaltsstoffe legte, so wie sie auch im Reinheitsgebot festgelegt wurden. Doch das brachte auch Probleme mit sich. Denn schon damals galt: ohne stichhaltige Kontrolle keine sinnvolle Verordnung. Um also ein Reinheitsgebot überprüfen zu können, brauchte es Menschen mit technischem Verstand und guter Bierkenntnis – das war die Geburtsstunde der sogenannten »Pir-Beschauer«.

Wie sollen die Bierbeschauer die Qualität des Bieres überprüft haben?

a) Banktest

b) Schneckentest

c) Ringtest

Nur eine der drei Varianten ist überliefert. War es der »Schneckentest«? Heutige Gartenbesitzer wissen es: Schnecken werden von Bier angelockt. Brachte also ein »Pir-Beschauer« in die Brauerei zwei Schnecken mit, um die Qualität des Bieres zu überprüfen? Oder war es der »Ringtest«? Warf der »Pir-Beschauer« einen Ring, in dem ein spezieller Stein eingefasst war, in ein Glas Bier und wartete, ob der Stein aufgrund falscher Inhaltsstoffe chemisch reagierte und sich das Bier verfärbte? Konnte man so die Bierpanscher überführen?

Tatsächlich wurde im 15. und 16. Jahrhundert in Süddeutschland der »Banktest« praktiziert. Bei diesem Verfahren nahmen »Pir-Beschauer«, die alle eine ordentliche Lederhose anhatten, auf einer mit dem zu testenden Bier begossenen Holzbank Platz. Wenn eine festgelegte Zeit verstrichen war, erhoben sie sich auf Kommando – und wenn die Bank an den Lederhosen kleben blieb, war das Bier in Ordnung. Ein zweifelsohne originelles, aber hinsichtlich des Aussagewertes doch außerordentlich fragwürdiges Verfahren. Überdies konnte mit dieser Prozedur weder Wasserqualität noch Frische des Bieres »geprüft« werden, sondern lediglich der Anteil an Malz: War diese klebrige Substanz in ausreichender Menge vorhanden, konnten bei ausreichender Trocknung Holzbank und Lederhosen eine gewisse Verbindung eingehen ...

So soll er angeblich funktioniert haben, der sogenannte »Banktest«: Wenn das Bier klebrig genug war, blieb die Bank an den Hosen der wackeren Tester haften ...

Diese Geschichte zeigt schon, wie sehr es beim Thema Bier bereits vor Jahrhunderten um Glauben und um Aberglauben ging. So war man in einigen Landstrichen der Meinung, dass es kommendes Glück bedeutete, wenn sich beim Einschenken von Bier ein Schaumring bildete. Konkreter war die Vorstellung von drohendem Unglück: etwa in dem Fall, wenn ein Mädchen in einer Gesellschaft ein Bier umwirft. Dann, so der Aberglaube, wird sie ein uneheliches Kind bekommen.

Und selbstverständlich wurde immer auch eine Verbindung zwischen Bier und der Hexerei hergestellt: Aus dem Mecklenburgischen ist aus dem Jahr 1576 das Bekenntnis einer vermeintlichen Hexe überliefert, sie habe beim Hexenmahl »roth bier getrunken uth glesern«. Und allenthalben wurde den Hexen unterstellt, sie hätten bei der Wirkung des Getränks die Finger im Spiel – wobei es wohl nicht immer so weit gekommen ist wie in jener Geschichte aus Schleswig-Holstein, wo ein Mann nach Austrinken eines Glases mit Bier – und versehen mit einem entsprechenden Zauberwort – zum Werwolf wurde. Da fragt man sich rückblickend natürlich schon, ob da nicht einfach jemand schlechtes Bier gebraut hat und die grausliche Wirkung auf den Zecher dann hinterher den Hexen in die Schuhe schieben wollte ...

Kein Aberglaube war hingegen, dass sich die Obrigkeit frühzeitig nicht nur um die »Reinheit« des Bieres sorgte, sondern sich zugleich Gedanken über die mögliche Besteuerung machte. Schon im Mittelalter kannte man eine solche Abgabe unter der Bezeichnung »Bierpfennig« oder »Malzaufschlag«, und mit den Jahrhunderten konnte man sich aus einer soliden Staatsfinanzierung die Biersteuer gar nicht mehr wegdenken. So brachten die Biertrinker in Deutschland im Jahr 1913 rund 232 Millionen Reichsmark an Brausteuern zusammen – und das waren immerhin über zehn Prozent der ordentlichen Einnahmen des Deutschen Reiches! Kein Wunder, dass sich immer wieder führende Politiker für eine zünftige Biersteuer einsetzten, etwa auch Otto von Bismarck in seiner Zeit als Reichskanzler.

> »Bisher ist das Bier in der Besteuerung wesentlich im Rückstande gegen Branntwein, und meines Erachtens sollte das Bier verhältnismäßig höher besteuert sein als der Branntwein, denn es ist vergleichsweise das Getränk einer schon mehr wohlhabenden Klasse, der Branntwein aber ist das Getränk des berühmten armen Mannes ... Ich habe nie gefunden, daß der Arbeiter bei der Arbeit, wenn sie schwer wurde, mit bayerischem Bier sich erholte ... Dort hilft das bayerische Bier nicht, das Bier macht im Gegentheil träge, anstatt die Nerven anzureizen; es hat außerdem den Fehler, vom nationalökonomischen Standpunkt: es ist ein Zeittödter, es wird bei uns Deutschen mit wenig so viel Zeit todtgeschlagen wie mit dem Biertrinken.«
> (Reichskanzler Otto von Bismarck 1881 im Deutschen Reichstag)

Als die Steuern Anfang des 19. Jahrhunderts immer mehr erhöht wurden, versuchten viele Brauereien zunächst, die gestiegenen Lasten an die Biertrinker und an die Gastwirte weiterzugeben. Die setzten sich allerdings dagegen zur Wehr: Zuweilen gab es regelrechte Boykotte gegen Brauereien – und in Bayern sogar Brandstiftungen. Ohnehin wollte man sich in Bayern das erschwingliche Bier nicht nehmen lassen. Ein Bier für vier Kreuzer – das war für viele Biertrinker das Maß aller Dinge. Was darüber verlangt werden sollte, erschien als »ungerechter« Bierpreis.

> *»Der Münchner ist der Beständigkeit Bild,*
> *So lange das Bier vier Kreuzer gilt!*
> *Doch geht aber der Preis über fünf hinauf,*
> *Dann ziehen finstere Wolken herauf!«*
> (überlieferter Vers aus München)

Die Drohungen nahm die Obrigkeit nicht ernst genug – und als in den 1840er Jahren die Bierpreise weiter stiegen, schritten die verbitterten Verbraucher zum Protest, der unter der Bezeichnung »Bierkrawalle« in die bayerische Geschichte eingegangen ist. Auch aus anderen deutschen Städten sind solche »Bierkrawalle« bekannt, die sich immer wieder an der Preiserhöhung entzündeten. Die Regierenden waren gut beraten, solche heftigen Reaktionen im Blick zu haben, denn sie gehörten in die Reihe der Steuerproteste, die in jener Zeit gehörigen sozialen und politischen Sprengstoff in sich bargen. Schließlich begann auch die Revolution von 1848/49 mit Steuerprotesten, als sich im März 1848 die Kritik an der Obrigkeit unter anderem an den staatlichen Abgaben entzündete.

Dagegen nehmen sich heute die Biertrinker in Deutschland vergleichsweise harmlos aus. Weithin klaglos nehmen sie die bestehenden Steuern hin – und tragen mit jeder Flasche brav zur Konsolidierung des Staatshaushaltes bei: Rund 800 Millionen Euro nimmt der Fiskus jährlich mit der auf Bier erhobenen Verbrauchssteuer ein. Wer steuerfrei trinken will, muss sich eine der wenigen erlaubten Lücken in der Besteuerung suchen.

> *Bier, das von Haus- und Hobbybrauern in ihren*
> *Haushalten ausschließlich zum eigenen Verbrauch*
> *bereitet und nicht verkauft wird, ist von der Steuer*
> *bis zu einer Menge von 2 Hektolitern im Kalender-*
> *jahr befreit. Bier, das von Hausbrauern in nicht ge-*
> *werblichen Gemeindebrauhäusern hergestellt wird,*
> *gilt als in den Haushalten der Hausbrauer herge-*
> *stellt.«*
>
> (§ 2 der Verordnung zur Durchführung des Biersteuergesetzes
> [Biersteuerverordnung] von 1994)

»Erinnerung an den Bierkrieg« in Frankfurt am Main im April 1873 – mit satirischer
Aufforderung zum Bierboykott

Es gibt allerdings auch andere Möglichkeiten, steuerfrei Bier zu genießen. Dazu muss man nur den richtigen Ort finden ...

Wo wird in der Bundesrepublik Deutschland keine Biersteuer erhoben?

a) in der Gemeinde Büsingen im Landkreis Konstanz

b) auf der Insel Helgoland

c) im »Münchner-Haus« auf der Zugspitze

Die Antwort ist zugegebenermaßen nicht einfach – vielleicht weil sie im deutschen Steuerrecht zu finden ist. Die Zugspitze ist zwar mit annähernd 3.000 Metern Deutschlands höchster Berg, aber das rechtfertigt für das deutsche Steuerrecht keinerlei Befreiung von der Biersteuer. Wer also nach Fahrt mit der Zugspitzbahn auf dem Gipfel zufrieden zum Glas greift, zahlt fleißig in die Steuerkasse ein.

Das tun die Menschen auf Helgoland allerdings nicht: Sie sind von Zöllen und Verbrauchssteuern befreit – und das gilt selbstverständlich auch für die Biersteuer. Wer allerdings annimmt, auf Helgoland würde das Gärprodukt konkurrenzlos günstig ausgeschenkt, der irrt: Eine Sonderabgabe, die unter anderem den Küstenschutz finanziert, und die höheren Betriebskosten der Inselwirte sorgen letztlich für Festlandspreise.

Etwas anders sieht es aus für die Menschen in der Gemeinde Büsingen am Hochrhein. Das Fleckchen ist eine deutsche Exklave auf Schweizer Zollgebiet, vollständig von schweizerischem Hoheitsgebiet umgeben. Anders als die Helgoländer zahlen die Büsinger zwar keine Biersteuer an Deutschland, ihre indirekten Verbrauchssteuern werden aber von der Schweiz erhoben. Und weil die Biersteuer der Eidgenossen höher ist als in Deutschland, kann von Steuervorteilen auch hier nicht die Rede sein. Übrigens sind im europäischen Vergleich die deutschen Abgaben für Bier minimal – für unsere Nachbarn ist daher das gesamte

Bundesgebiet ein Steuerparadies für Bierfreunde. Na denn: herzlich willkommen und wohl bekomm's!

Tipps zum Weiterlesen:

Conrad Seidl: Bier-Katechismus. Was Sie schon immer über Bier wissen wollten, Wien 2006. Ein unterhaltsames Bändchen, das auf fast 600 wichtige Fragen rund ums Bier Antwort gibt.

Mikuláš Teich: Bier, Wissenschaft und Wirtschaft in Deutschland 1800–1914, Wien/Köln/Weimar 2000. Eine ernsthafte Abhandlung über die wirtschaftliche und historische Seite der Bierherstellung.

Berlin

07

Arme Stadt, reiche Stadt

Es gehört schon eine Menge Selbstbewusstsein dazu, sich in aller Öffentlichkeit als völlig mittellos darzustellen und gleichzeitig zu behaupten: »Macht nichts, denn ihr werdet trotzdem alle meinem wahnsinnigen Charme erliegen!« So viel Selbstbewusstsein können nur die Berliner haben. Ihr Regierender Bürgermeister Klaus Wowereit pries seine Stadt bekanntlich als »arm, aber sexy« an. Und irgendwie muss man ihm ja auch recht geben: Kaum eine andere deutsche Stadt verfügt über so viel Anziehungskraft wie die deutsche Hauptstadt. Einige wollen dort leben, andere dort regieren, wieder andere einfach nur mal vorbeischauen. So stehen fast täglich die Menschen vor dem Reichstagsgebäude Schlange, um ihr Parlament zu besichtigen.

Der Blick in die Geschichte zeigt allerdings, dass Berlin nun wahrlich auch schlechtere Zeiten erlebt hat. Zwangsläufig, denn in diesem Mittelpunkt preußischer und deutscher Politik wurde Geschichte mit ihren guten wie schlechten Seiten durchlebt: Hier wurden Kriege begonnen, hier wurden Siege und Niederlagen durchlitten, Könige und Kaiser ritten durch die Straßen, Revolutionäre gingen auf die Barrikaden, und Demokraten rangen mühsam um eine gerechte Ordnung.

Und wenn Berlin so richtig am Boden lag, mussten andere der Stadt wieder aufhelfen. Das galt vor allem für die Zeit unmittelbar nach dem Zweiten Weltkrieg: Die Stadt war zu großen Teilen zerstört, und die Menschen litten unter dem zunehmenden Ost-West-Konflikt, der hier durch die Aufteilung der Stadt in Sektoren besonders deutlich zu spüren war. Die Not war schließlich so groß, dass sich die Regierung der gerade erst gegründeten Bundesrepublik Deutschland im fernen Bonn genötigt sah, mit einem ihrer ersten Gesetze den Brüdern und Schwestern an der Spree unter die Arme zu greifen ...

Was beschloss der Deutsche Bundestag 1949 zur Unterstützung Westberlins?

a) die Einführung des »Notopfers Berlin«

b) die Einrichtung der Luftbrücke

c) den Wiederaufbau des Reichstags

Die Entscheidung zur Einrichtung der Luftbrücke, um die West-Berliner Bevölkerung während der sowjetischen Berlinblockade zu versorgen, fiel vor der Gründung der Bundesrepublik, nämlich schon 1948. Zudem war das eine Leistung der Westalliierten: Amerikanische und britische Flugzeuge (liebevoll als »Rosinenbomber« in Erinnerung) sicherten zwischen Juni 1948 und Oktober 1949 das Überleben der Stadt. Und für den Wiederaufbau des Reichstags sprach sich der Bundestag nicht 1949 aus. Das geschah erst im Jahr 1955, allerdings zog sich dieser erste Wiederaufbau dann noch viele Jahre hin. Tatsächlich beschloss der Deutsche Bundestag am 9. Dezember 1949 eine Art »Solidaritätszuschlag« für Westberlin. Den Begriff gab es noch nicht (die Deutschen kennen ihn erst seit der Vereinigung – und bezahlen diesen heute immer noch), damals hieß es knapp und treffend »Notopfer Berlin«.

Offiziell hieß das Vorhaben »Gesetz zur Erhebung einer Abgabe ›Notopfer Berlin‹ im Gebiet der Bundesrepublik Deutschland«, griff eine entsprechende Initiative der Alliierten auf und passierte den Bundestag ohne erhebliche Einwände – lediglich die kommunistischen Abgeordneten lehnten das Vorhaben ab. Alle anderen Parlamentarier waren sich mit der übergroßen Mehrheit der Westdeutschen darüber einig, dass die sowjetische Blockade Westberlins der Stadt so erheblichen Schaden zugefügt hatte, dass sie nun der kollektiven Hilfe der Westdeutschen bedurfte.

> *»Wir danken – wir haben in Berlin schon oft gedankt – auch an dieser Stelle denen, die es uns ermöglicht haben, in Freiheit und Menschenwürde weiterzuleben. Wir haben in Berlin im vergangenen Winter viel Schweres durchmachen müssen, sehr viel Schweres [...] Wir haben in Berlin in den letzten Jahren seit 1945 mehr durchgemacht als irgendeine andere deutsche Stadt.«*
>
> (der sozialdemokratische Abgeordnete Franz Neumann am 9. Dezember 1949 im Deutschen Bundestag)

Sichtbarer Ausdruck des »Notopfers« war eine kleine blaue Briefmarke im Gegenwert von zwei Pfennigen, die fortan auf jede normale Postsendung geklebt werden musste (Briefe von und nach Berlin waren übrigens davon ausgenommen). Rund 23 Milliarden Mal wurde die Marke verklebt – und brachte weit über 400 Millionen Mark in die Kassen Berlins. Weitere Einnahmen bescherten der Stadt darüber hinaus eine ebenfalls vom Bundestag beschlossene Sondersteuer: Arbeitnehmer mussten sechzig Pfennig für je hundert DM Monatseinkommen abführen, bei Besserverdienenden war es eine Mark. Bis 1956 blieben diese Verordnungen in Kraft – und damit länger als von der Politik angekündigt und natürlich von den Westdeutschen erwartet. Die Unternehmen mussten sogar noch bis Ende 1957 ein »Notopfer Berlin« entrichten.

Doch wer heute an Berlin im Kalten Krieg denkt, hat zunächst die Mauer in Erinnerung. Sie zerschnitt die Metropole seit 1961 und machte der ganzen Welt die menschenverachtende Teilung der Deutschen deutlich. Als Sinnbild dafür stand nun das Brandenburger Tor. Wo einst die Berliner flanierten, wo Autos und Busse verkehrten, wo auf dem Pariser Platz hauptstädtisches Leben zu bewundern war – da gähnte jetzt, unmittelbar an der Mauer, gespenstische Leere. Das Tor wirkte wie ein trostloser Überrest längst vergangener Zeiten. Nur wenige glaubten, dass hier wieder unbeschwertes Berliner Leben Einzug halten würde. Aber viele haben daran gearbeitet, dass es so wurde – deutsche Politiker wie etwa Willy Brandt mit seiner Ostpolitik und ausländische Staatschefs, die schließlich 1989 den Weg zur Einheit frei machten.

Doch niemand hat das Brandenburger Tor so geschickt zu einer politischen Selbstinszenierung genutzt wie US-Präsident Ronald Reagan. Der forderte hier im Jahr 1987 den sowjetischen Staatschef Michael Gorbatschow medienwirksam auf, »dieses Tor« zu öffnen.

> »Generalsekretär Gorbatschow, wenn Sie nach Frieden streben, wenn Sie Wohlstand für die Sowjetunion und für Osteuropa wünschen, wenn Sie die Liberalisierung wollen, dann kommen Sie hierher zu diesem Tor! Mr. Gorbatschow, öffnen Sie dieses Tor! Mr. Gorbatschow, reißen Sie diese Mauer nieder!«
>
> (US-Präsident Ronald Reagan am 12. Juni 1987 in seiner Rede am Brandenburger Tor)

> »So dicht an der Berliner Mauer, sie sowohl materiell als auch in ihrem Symbolgehalt vor mir sehend, spürte ich Wut in mir aufkommen, und ich bin sicher, dass diese Wut in meiner Stimme mitschwang, als ich diese Worte sagte.«
>
> (Erinnerung von Ronald Reagan an seine Rede)

Die Worte Reagans hörten damals viele. So auch jene Göttin, die seit langem schon samt Pferden und Wagen auf dem Bran-

Ronald Reagan am Brandenburger Tor. Derweil reckt die bronzene Göttin einen leeren Lorbeerkranz in die Höhe – das Eiserne Kreuz darin fehlte zu DDR-Zeiten.

denburger Tor thronte – auch wenn sie damals dem Präsidenten den Rücken zuwendete. Um diese Quadriga ranken sich bis zum heutigen Tag viele Geschichten. Und natürlich stimmen nicht alle ...

Welche Aussage zur Quadriga stimmt?

a) Sie wurde 1806 von Napoleon geraubt.

b) Nach dem Mauerfall wurde ihre Blick-richtung geändert.

c) Sie schmückte bis 1969 das 5-DM-Stück.

Tatsächlich hat heute jeder das Brandenburger Tor in seiner Tasche – nämlich im Portemonnaie. Es schmückt nämlich die 10-, 20- und 50-Cent-Stücke, die in Deutschland geprägt werden. Und vor Jahren gab es auch einmal ein 10-DM-Stück mit Brandenburger Tor samt Quadriga, das war allerdings eine Sonderprägung für Sammler. 1992 gelangen Tor und Quadriga tatsächlich auf ein deutsches Zahlungsmittel – nämlich auf den 5-DM-Schein, nicht aber auf die 5-DM-Münze.

Dass die Quadriga nach dem Mauerfall ihre Blickrichtung geändert hat, zählt zu den hartnäckigsten Legenden der jüngeren deutschen Geschichte. Tatsächlich ist dem nicht so. Der Triumphwagen samt Göttin und Pferden schaute immer schon gen Osten, da wo früher das Berliner Stadtschloss stand, später dann der Palast der Republik. Gedreht hat an der Gruppe niemand, weder die DDR in ihren letzten Tagen noch die westdeutsche Bundesregierung im Vereinigungstaumel – beide hatten ja wohl auch in der Tat Dringenderes zu tun ...

Tatsächlich wurde die Quadriga zwischenzeitlich einmal Opfer napoleonischer »Kunstliebhaberei«: Als 1806 französische Truppen in Berlin einmarschierten, ließ Napoleon – der zuvor feierlich zur eigenen Erhebung und zur Demütigung der unterlegenen Preußen triumphierend durch das Brandenburger Tor zum Berliner Schloss gezogen war – die Quadriga demontieren, in Kisten verpacken und ins heimatliche Paris transportieren. Welch eine Schmach für die brandenburgische Friedensgöttin, die hier so kunstvoll in Bronze dargestellt war! Aber zumindest ein wenig hatte sie doch noch Glück im Unglück: Sie blieb ebenso wie Pferde, Wagen und weiteres Zubehör die nächsten Jahre in den französischen Kisten schlummern, ehe sie die Preußen 1815 nach dem Sieg über Frankreich wieder zurück an die Spree schafften.

> *»Hier wollen wir stillestehen und das Brandenburger Tor und die darauf stehende Viktoria betrachten. Ersteres wurde von Langhans nach den Propyläen zu Athen gebaut und besteht aus einer Kolonnade von zwölf dorischen Säulen. Die Göttin da oben wird Ihnen aus der neusten Geschichte genugsam bekannt sein. Die gute Frau hat auch ihre Schicksale gehabt; man sieht's ihr nicht an, der mutigen Wagenlenkerin.«*
>
> (Heinrich Heine in seinen »Briefen aus Berlin«, 1822)

Das Hin und Her blieb nicht ohne Folgen. Zu ihnen zählte auch, dass der Berliner Volksmund die Bronzegruppe schmunzelnd zur bekanntesten »Retour-Kutsche« der Stadt erhob. Bleibendere Folgen brachte allerdings die vor der Wiederinstallierung vorgenommene Umgestaltung. Diese bot sich an, weil die Quadriga ohnehin ein wenig ramponiert nach Berlin zurückkam. Da nutzte man die Gelegenheit, die Wagenlenkerin – bislang war diese eine Nachbildung von »Eirene, der Friedensgöttin« – nach dem glanzvollen Sieg über Napoleons Frankreich nun zu »Victoria, der Siegesgöttin« umzugestalten. Und damit alle von ferne sahen, wem man den Sieg über Frankreich und damit auch der Rückkehr der Quadriga zu verdanken hatte, wurden nun deut-

Szenen einer Party: In der Silvesternacht 1989/90 erklimmen Übermütige das Brandenburger Tor und ramponieren dabei die Quadriga.

lich erkennbar der preußische Adler und das Eiserne Kreuz in das Ensemble eingefügt. Das waren übrigens exakt jene Symbole, die die DDR-Führung bei der Rekonstruierung der Quadriga 1958 »verschwinden« ließ. Erst nach der Wiedervereinigung kehrten die einstigen Insignien preußischer Macht auf das Brandenburger Tor zurück. Denn schon wieder war eine ordentliche Restaurierung der Quadriga notwendig geworden. Diesmal allerdings nicht, weil sie mit Waffen zerstört worden war, sondern weil viele Einheitsbegeisterte jener Tage ihren Jubel eben auch auf dem Brandenburger Tor auslebten – und Göttin und Pferde dabei so richtig ramponierten.

Aber Berlin bestand ja nicht nur aus symbolträchtigen Bauten. Vielmehr war die Stadt – verglichen mit den großen europäischen Metropolen – erst ziemlich spät zu einer wirklichen Großstadt geworden. Selbst als Berlin in den Jahren nach der

Reichsgründung von 1871 zur ersten deutschen Millionenstadt aufgestiegen war, fehlte es manchen Besuchern (und Einwohnern) am notwendigen Flair – selbst aus Regierungskreisen verlautete da schon einmal, dass Berlin »entsetzlich kleinstädtisch« sei. Es wälzten sich hier eben noch keine Menschenmengen über prachtvolle Alleen und entlang schöner Etablissements, wie es etwa im fernen Paris der Fall war. Und eine moderne Abwasserkanalisation wurde erst in den späten 1870er Jahren eingeführt – bis zu diesem Zeitpunkt dürfte die sprichwörtliche Berliner Luft wohl oft genug einen ganz besonderen Duft verbreitet haben …

> »In den Rinnsteinen, die längs der Bürgersteige hinliefen, sammelten sich die Abwässer der Häuser und verbreiteten an warmen Tagen mephistische Gerüche. Bedürfnisanstalten auf den Straßen oder Plätzen gab es nicht. Fremde und namentlich Frauen gerieten in Verzweiflung, bedurften sie einer solchen. In den Häusern selbst waren diese Einrichtungen meist unglaublich primitiv.«
> (August Bebel über Berlin)

> »Berlin vereint die Nachteile einer amerikanischen Großstadt mit denen einer deutschen Provinzstadt.«
> (Kurt Tucholsky, 1919)

Doch allen wirklichen oder vermeintlichen Unzulänglichkeiten zum Trotz: Berlin mauserte sich. Und das Kaiserreich machte aus der Stadt tatsächlich eine pulsierende Hauptstadt – manchmal sehr zum Ärger der vielen Nichtpreußen im Deutschen Reich. Denn Bayern, Württemberger oder selbst die inzwischen selbst zu Preußen gehörenden Rheinländer taten sich mit der fernen Metropole schwer. Oft genug galt: Was in Berlin entschieden wurde, hatte Bedeutung für das ganze Land – ob man das nun wollte oder nicht.

Manche Entscheidung fiel aber auch in Berlin nicht leicht. So war es auch in jenen Tagen der Revolution von 1918. Revolutionäre Umstürze hatte Deutschland in seiner Geschichte ja vergleichsweise wenige erlebt. Vielleicht waren die Berliner deswegen einfach ein wenig ungeübt, weshalb es zu einem eigentümlichen Ereignis kam: Als am 9. November 1918 in Berlin das Ende des Kaiserreichs verkündet und eine Republik ausgerufen wurde, geschah dies keineswegs nur einmal ...

Wie oft wurde am 9. November 1918 in Berlin die Republik ausgerufen?

a) zweimal

b) dreimal

c) fünfmal

Es war halt ein ziemliches Durcheinander an jenem 9. November 1918. Andererseits gehört sich das ja wohl auch so für einen wirklichen revolutionären Tag. Jedenfalls wurde an diesem Tag in Berlin zweimal die Republik ausgerufen – und dann auch noch zwei unterschiedliche. Es begann in gewisser Hinsicht mit Philipp Scheidemann, einem der führenden Männer der SPD. Dieser saß im Reichstagsgebäude, nachdem er sich am Morgen – es hob übrigens ein kalter und grauer Herbsttag an – mühsam den Weg quer durch die turbulente Stadt gebahnt hatte, in der um neun Uhr der Generalstreik begonnen hatte. Der Streik war von den linken Kräften organisiert worden, an deren Spitze vor allem Karl Liebknecht und die Spartakisten standen. Beide politischen Kräfte – also die SPD wie die radikalen Linken – rangen nun darum, wer jetzt die Gunst der Stunde nutzen konnte: Kaiser Wilhelm II. war weit weg – im militärischen Hauptquartier im belgischen Spa –, der Krieg konnte nicht mehr weitergehen,

Scheidemann ruft von einem Fenster des Reichstags die Republik aus. So war es. Doch das Foto ist nachgestellt – und zeigt eine Inszenierung aus den 20er Jahren.

jetzt musste sich entscheiden, wie Deutschland in Zukunft regiert werden sollte.

Den Ausschlag für die Ereignisse am 9. November 1918 gab dann ein Gerücht: Liebknecht wolle vom Balkon des Berliner Schlosses die Räterepublik nach sowjetischem Vorbild ausrufen, so hieß es plötzlich. Philipp Scheidemann, der sich gerade in der Kantine des Reichstages mit einer wohlverdienten Kartoffelsuppe stärken wollte, reagierte blitzschnell, eilte zum Balkon des Reichstagsgebäudes – und rief, es war 14 Uhr, die »Deutsche Republik« aus.

> *»Arbeiter und Soldaten! Das deutsche Volk hat auf der ganzen Linie gesiegt. Das Alte, Morsche ist zusammengebrochen. Der Militarismus ist erledigt. Die Hohenzollern haben abgedankt. Es lebe die deutsche Republik! ... Jetzt besteht unsere Aufgabe darin, diesen glänzenden Sieg, diesen vollen Sieg des deutschen Volkes nicht beschmutzen zu lassen. Deshalb bitte ich Sie, sorgen Sie dafür, dass keine Störung der Sicherheit eintritt. Wir müssen stolz sein können für alle Zukunft auf diesen Tag.«*
>
> (Philipp Scheidemann am 9. November 1918 bei der Ausrufung der Republik)

Die Sozialdemokraten um den baldigen Reichspräsidenten Friedrich Ebert hatten also bei der Ausrufung der Republik vorgelegt. Philipp Scheidemann jedenfalls kehrte in aller Seelenruhe erst einmal zu seiner Kartoffelsuppe zurück, traf an seinem Tisch allerdings auf einen zornigen Ebert. »Er schlug mit der Faust auf den Tisch«, so erinnerte sich Scheidemann später, »und schrie mich an: ›Du hast kein Recht, die Republik auszurufen!‹« Ebert wollte die Entscheidung über die künftige Staatsform lieber einer verfassungsgebenden Nationalversammlung übergeben. Aber wie wir wissen, beruhigte sich der zornige Ebert bald wieder – und führte später als guter Demokrat im Amt des

Reichspräsidenten die Weimarer Republik. Und dass Deutschland eben keine Monarchie blieb, keine sozialistische Räterepublik wurde, sondern eine Demokratie – dazu hatte eben auch das beherzte Auftreten Scheidemanns beigetragen.

Während die SPD-Führer nach diesem Ereignis mehr oder weniger zufrieden bei der Kartoffelsuppe saßen, kämpfte sich Karl Liebknecht noch durch die revolutionären Massen zum Hohenzollernschloss durch. Als er dort gegen vier Uhr nachmittags

Und wieder ruft einer eine Republik aus – diesmal Liebknecht. Auch hier dürfen wir dem Foto nicht trauen, es ist wahrscheinlich eine Fälschung.

ankam, hatte er im Tauziehen »Wer ruft zuerst eine Republik aus?« längst den Kürzeren gezogen. Zwar proklamierte er vom bislang kaiserlichen Balkon aus die »freie sozialistische Republik Deutschland« (worauf der Ruf ertönte »Hoch lebe ihr erster Präsident Liebknecht!«). Doch mit dem Sozialismus auf deutschem Boden sollte es damals bekanntlich nichts werden (und später – wie wir heute wissen – folgte dann ein sehr missglückter Versuch).

Wer mag es dem abgekämpften Spartakistenführer da verübeln, dass er sich nach den ganzen Anstrengungen des Tages nun auf die Suche nach einem ruhigen Plätzchen machte. Und was war da naheliegender, als gleich im Schloss ein solches zu suchen – und dann auch zu nutzen. Der Revolutionär fand es nämlich augenscheinlich höchst angemessen, demonstrativ das verlassene Schlafzimmer des bisherigen Kaisers anzusteuern, sich dort auszukleiden und genüsslich unter die feine Bettwäsche zu schlüpfen.

> *»Liebknecht begann sich auszuziehen [...] Nach wenigen Minuten stand Liebknecht barfüßig in langer Winterunterwäsche. Einige Knöpfe fehlten, und das ausgebeulte Gesäßteil war vom vielen Waschen abgenutzt. Er nahm seine prallvolle Aktentasche und vier umfangreiche Bücher auf. Mit diesen Sachen unter dem Arm näherte er sich dem kaiserlichen Bett [...] Die Matrosen waren wie erstarrt [...] Im Raum lastete ein Schweigen. Ich hörte die königlichen Sprungfedern quietschen, als Liebknecht seine Beine ausstreckte.«*
>
> (der US-amerikanische Journalist Ben Hecht in seinem Bericht für die Chicagoer »Daily News«)

Kurz danach geschah es: Ein krachendes Geräusch erfüllte das bislang kaiserliche, jetzt revolutionäre Schlafzimmer. Es war dieses Geräusch, das – gepaart mit der Eigentümlichkeit der ganzen Situation – die anwesenden Soldaten der Revolutionsgarde derart erschreckte, dass sie fluchtartig den Raum verließen.

> **Vor was fürchteten sich die Soldaten der Revolutionsgarde in der ersten Nacht der Republik so sehr, dass sie fluchtartig das kaiserliche Schlafgemach verließen?**

a) vor Geistern

b) vor Regierungssoldaten

c) vor dem Schnarchen Liebknechts

Über das Schnarchen Liebknechts ist nichts bekannt, weshalb sich auch über dessen Wirkung auf seine Leibwächter nichts sagen lässt. Aber vor den Regierungssoldaten brauchten sich die Matrosen nicht mehr zu fürchten – die hatten längst das Feld geräumt und kamen auch nicht mehr zurück. Tatsächlich war es die Angst vor Geistern, die den Aufständischen den Schreck in die Glieder fahren ließ. In ihren Augen hatte Liebknecht das Schicksal zu sehr herausgefordert, indem er sich in das Bett des Kaisers gelegt hatte. Das eigentliche krachende Geräusch, das ihre überstürzte Flucht auslöste, stammte übrigens vom zierlichen Nachttischchen des Kaisers, einer Antiquität auf spindeldürren Beinchen. Dieses war unter der Last der revolutionären Bücher Liebknechts schlicht zusammengebrochen – diesem Vorgang hielten die Nerven der aufständischen Soldaten nicht stand ...

Andere Berliner nahmen die revolutionären Ereignisse dagegen vergleichsweise gelassen auf. »Wirklich wichtig bei jeder Krise ist«, so wird es den Berlinern in den Mund gelegt, »ob die

Straßenbahn fährt.« Und da gab es zunächst einmal keinen Eng-
pass – das Leben in der Republik ging für manche erstaunlich
ruhig weiter.

> »Sonntag, den 10. November, war ein wundervoller
> Herbsttag. Die Bürger gingen in Massen wie gewöhn-
> lich im Grunewald spazieren. Keine eleganten Toilet-
> ten, lauter Bürger, manche wohl absichtlich einfach
> angezogen. Alles etwas gedämpft wie Leute, deren
> Schicksal irgendwo weit in der Ferne entschieden
> wird, aber doch beruhigt und behaglich, dass es so
> gut abgegangen war. Trambahnen und Untergrund-
> bahn gingen wie sonst, das Unterpfand dafür, dass
> für den unmittelbaren Lebensbedarf alles in Ord-
> nung war. Auf allen Gesichtern stand geschrieben:
> Die Gehälter werden weiterbezahlt.«
>
> (der evangelische Theologe und Geschichtsphilosoph Ernst
> Troeltsch, 1919)

Auch ohne Kaiser ging das Leben in Berlin (wie in ganz
Deutschland) weiter, mal recht, mal schlecht. Der Palast der Ho-
henzollern im Stadtkern, das Berliner Schloss, hatte jetzt allerdings keine privilegierten Bewohner mehr – und regiert werden
sollte aus dem Koloss auch nie mehr. Nach der Gründung der
DDR 1949 verzichteten die ostdeutschen Sozialisten als vermeintliche Erben von Karl Liebknecht darauf, im kaiserlichen
Stadtschloss einen Platz zum Regieren – und erst recht nicht
zum Schlafen – zu suchen. Damit unterschieden sie sich erkennbar von ihren sowjetischen Freunden, die es sich nach der Russischen Revolution im ehemaligen Palast der russischen Zaren
eingerichtet hatten – dem Kreml. Die Ostberliner Sozialisten
zogen stattdessen ins beschauliche Pankow im Nordosten der
Stadt – das im Zweiten Weltkrieg beschädigte Schloss ließen sie
sprengen.

Sozialistische Spurenbeseitigung 1950: Die Reste des Berliner Schlosses werden gesprengt. Schöner wurde der Platz dadurch bekanntlich nicht.

Jetzt hatte die SED zwar kein Schloss mehr, aber dafür einen riesigen Parkplatz – eigentlich schade, dass so wenig Genossen ein Auto besaßen. Aber immerhin konnte man von Zeit zu Zeit eine jener damals so beliebten Paraden inszenieren, mit älteren Herren auf Tribünen und natürlich jeder Menge Winkelementen. Auf dem riesigen Platz wurde marschiert, demonstriert oder geparkt, und schließlich wurde 1976 an dem einen Ende des Terrains mit viel sozialistischem Tamtam das neue Wahrzeichen Ostberlins eröffnet: der »Palast der Republik«.

Der Palast war der ganze Stolz der Ostberliner Politik: Hier fand die Volkskammer ihren Platz (die freilich herzlich wenig zu entscheiden hatte), und für die sozialistische Öffentlichkeit gab es Musik, Tanz und Unterhaltung. Für die Kinder gab es den begehrten Eisbecher »Pittiplatsch«, für den Papa ein Wernesgrüner

Bier und für die Mama nach Bedarf ein ordentliches Stück Torte mit Schlagsahne – und das alles zu erschwinglichen Preisen. Und ordentliche Konzerte wurden zuweilen auch veranstaltet, etwa 1983, als Udo Lindenberg hier gastieren durfte.

Bei so viel Beliebtheit wundert es nicht, dass die Ostberliner mit Blick auf ihren Staatsratsvorsitzenden Erich Honecker bald auch einen passenden Spitznamen für das Gebäude fanden ...

Wie bezeichnete der (Ost-)Berliner Volksmund einst den »Palast der Republik«?

a) Erichs Teppichladen

b) Erichs Lampenladen

c) Erichs Fensterladen

Knapp war ja in der DDR zuweilen alles einmal, weshalb beim Palast angesichts der großzügigen Verwendung sowohl von Teppichen wie von Lampen wie auch von Fenstern eigentlich jede dieser Bezeichnungen angemessen gewesen wäre. Doch entscheidend wurde die Sache mit der Beleuchtung: Das Foyer des Palastes war nämlich geprägt durch eine unglaublich große Zahl runder Lampen – weshalb man also frohgelaunt von »Erichs Lampenladen« sprach. Wem diese Bezeichnung nicht bissig genug erschien, konnte auch zu anderen Spitznamen greifen und vom »Palazzo prozzo« oder auch dem »Ballast der Republik« sprechen – das dann aber bitte besser nicht in der Öffentlichkeit.

»Drum sei der Richtspruch, Friede unserem Palast,
den Volkes Kraft zum Wohl des Volkes baut!
Hier werden Mut und Freude sich vereinen!

In ihm wird Frohsinn wohnen und auch Glück!
Denn hinter diesen festen Marmorsteinen,
da schlägt das Herz der Republik.«
(Richtspruch für den »Palast der Republik«)

Obwohl – verglichen mit anderen historischen Gebäuden Berlins – noch ausgesprochen jung, hat der »Palast der Republik« das Ende der DDR nicht lange überlebt. Als nach der Vereinigung klar war, dass beim Bau reichlich Asbest verbaut wurde, war das Ende des Palastes rasch beschlossene Sache: Den Westdeutschen war das Gebäude ein ziemlicher Dorn im Auge, und manchem konnte der spätere Abriss gar nicht schnell genug gehen, um ein verhasstes Symbol der DDR zu schleifen. Dass manche Ostdeutschen diesen Vorgang eher wehmütig oder gar zornig betrachteten, weil sie auch gute Erinnerungen mit »ihrem« Palast verbanden, half da nichts: Berlin hat jetzt ein großes Gebäude weniger.

Ob auf dem riesigen Gelände nun etwas Neues entsteht, ob Altes rekonstruiert wird, ist noch offen: Jedenfalls sehen die Freunde der Hohenzollernnostalgie ihre Stunde gekommen und wollen in irgendeiner Form etwas vom alten Schloss wieder aufbauen. Was genau dort gebaut wird, wird die Zukunft zeigen. Und das gilt selbstverständlich auch für die Frage, wer das eigentlich alles bezahlen soll.

Denn Berlin ist mal wieder ziemlich pleite – und wird es vorerst wohl auch bleiben. Das »Notopfer Berlin« ist jedenfalls Geschichte, und später gezahlte Bundeshilfen wurden in den vergangenen Jahren spürbar abgebaut. Doch die Stadt lebt immer noch – und lockt unverdrossen die Menschen aus dem ganzen Land an. Sie ist auch heute zweifellos die sprichwörtliche Reise wert. Klaus Wowereit hatte schon recht: Geld (allein) macht nicht sexy – und Berlin ist sexy.

Zur Eröffnung des »Palastes der Republik« erstrahlten über 1.000 Kugellampen in »Erichs Lampenladen«.

Tipp zum Weiterlesen:

David Clay Large: Berlin. Biographie einer Stadt, München 2002. Eine umfangreiche Dokumentation seit den Zeiten Bismarcks.

Wer hat an der Uhr gedreht?

08

Von alten und neuen Zeiten

Das Leben ist ja bekanntlich unübersichtlich genug. Deshalb können wir froh sein, wenn es ein paar verlässliche Dinge auf dieser Welt gibt. Etwa der ewige Lauf der Zeit, die ständige Wiederkehr von Sonnenauf- und Sonnenuntergang. Dieser Rhythmus gibt unseren Tagen den natürlichen Rahmen vor. So weit, so gut. Aber ist das auch unsere »Zeit«? Was ist eigentlich Zeit? Sie ist uns als alltägliches Phänomen vertraut – aber wenn wir sie genauer beschreiben müssten, kämen wir wohl ein wenig in Erklärungsnöte.

Am einfachsten ist es da sicherlich, auf die Uhr zu verweisen. Sie »misst« und »zeigt« uns ja gleichermaßen unsere Zeit: Der Blick auf die Uhr veranlasst uns nahezu täglich zu so gewichtigen Aussagen wie »Die Zeit drängt« oder »Jetzt wird es aber wirklich Zeit«, im schlimmsten Fall sogar: »Die Zeit ist abgelaufen.« Doch was geschieht eigentlich, wenn uns die so präsentierte Zeit einmal verlässt? Wenn jemand an der Uhr dreht und damit die uns vertraute Welt verändert? Die Geschichte kennt solche Situationen, in denen sich unsere Ahnen notgedrungen mit dem Phänomen der Zeit auseinandersetzen mussten. Etwa im Deutschen Kaiserreich …

Was wurde am 1. April 1893 in ganz Deutschland abgeschafft?

a) die verschiedenen Zeitzonen

b) das Verbot der Taschenuhr

c) der 29. Februar als ständiger Kalendertag

Das Schaltjahr war im Deutschen Kaiserreich ein durchaus vertrautes Phänomen – deshalb gab es auch schon damals den 29. Februar, aber nie als einen ständigen Kalendertag, sondern damals wie heute nur alle vier Jahre. Und auch ein Verbot der Taschenuhr brauchte 1893 nicht aufgehoben zu werden, denn das existierte gar nicht. Vielmehr wurden – und das war kein Aprilscherz – zum 1. April des Jahres endgültig die letzten unterschiedlichen Zeitzonen im Deutschen Reich abgeschafft: Deutschlands Einheit war damit – zumindest was die Uhrzeit anging – endlich hergestellt (dass in einigen Teilen des Landes auch weiterhin die Uhren anders gehen sollten, ist eine ganze andere Geschichte ...).

Bis zu diesem Zeitpunkt war Deutschland zumindest hinsichtlich der Zeitzonen ein Land wie jedes andere: Im 19. Jahrhundert war es nämlich üblich, dass jede halbwegs größere Stadt ihre eigene Uhrzeit besaß. Das führte dazu, dass selbst in Städten, die nur wenige Kilometer auseinanderlagen, eigene Zeitrechnungen herrschten. Damals konnte es einem also passieren, dass man in einem ganz praktischen Sinne »vor der Zeit« irgendwo auftauchte und trotz einer kleinen Reise »Zeit gespart« hatte. Und je größer die Länder, desto größer war selbstverständlich auch die Vielfalt der Zeiten: In Nordamerika galten beispielsweise Mitte des 19. Jahrhunderts 144 verschiedene amtliche Zeiten.

Doch im Laufe des Jahrhunderts mehrten sich die europäischen Stimmen, die auf einheitliche nationale Zeitzonen drängten. Viele Länder hatten es den Deutschen vorgemacht, etwa die Nachbarn in Belgien oder den Niederlanden. Das Deutsche Reich musste diesem internationalen Trend folgen: In der Nacht von Karfreitag, dem 31. März 1893, auf Karsamstag, dem 1. April, wurden die Uhren im ganzen Reich neu gestellt. Fortan galt hier die mitteleuropäische Zeit des 15. Längengrades, also die Greenwich-Zeit plus eine Stunde.

> *»Alle Uhrenbesitzer machen wir darauf aufmerksam, dass es praktisch sein dürfte, am nächsten Freitag-Abend die Uhren zwanzig Minuten vorzustellen, da am Sonnabend (von 12 Uhr mitternachts an) die Rechnung nach der mitteleuropäischen Zeit beginnt. Wer rechtzeitig seine Uhr stellt, erspart sich Unbequemlichkeiten.«*
>
> (Meldung aus der Zeitung »Hamburger Fremdenblatt« am 29. März 1893)

> *»Was hat die neue Zeit für die ganze große Bevölkerung des Landes für eine Bedeutung? Gar keine; sie bringt ihnen nur Unbequemlichkeit und Verwirrung. Was haben die Eltern, die ihre Kinder auf dem Lande in die Schule schicken müssen, für ein Interesse? Die Schule muss an allen Orten zu verschiedenen Zeiten anfangen oder aufhören, weil sonst die Kinder morgens oder abends kein hinreichendes Licht mehr haben.«*
>
> (der Abgeordnete Freiherr von Heeremann in der Sitzung des Deutschen Reichstags am 23. Januar 1893)

Diese Neuerung hatte aus Sicht der Zeitgenossen Vor- und Nachteile. Einige befürchteten, die »natürliche« Ordnung könnte in Gefahr geraten und die Menschen würden vollends die Übersicht über Raum und Zeit verlieren. »Es ist doch schon an sich eine ganz gewaltige Unnatur«, so klagte ein Kritiker des Vorhabens damals im Deutschen Reichstag, »wenn wir eine Zeitveränderung einführen, welche zudem auch den doch bestehen bleibenden Verhältnissen von Licht und Dunkelheit direkt entgegensteht.« Recht hatte dieser Kritiker ja: Im Westen des Reichs ging die Sonne naturgemäß zu einem anderen Zeitpunkt auf und unter als in Berlin oder im noch weiter östlich gelegenen Königsberg. Was tat die neue einheitliche Zeit also anderes, als diese »natürlichen Zeiten« zu überdecken?

Aber es gab auch gute Gründe für die Vereinheitlichung der Zeit – und mit diesen konnten sich die Befürworter schließlich durchsetzen …

Wem haben wir hauptsächlich die Einführung einer einheitlichen Zeit in Deutschland zu verdanken?

a) der Eisenbahn

b) der Kirche

c) den Arbeitgebern

Den Arbeitgebern hätte man es ja gerne in die Schuhe geschoben – achteten sie doch nicht erst seit der beginnenden Industrialisierung auf Pünktlichkeit und penible Einhaltung der Arbeitszeiten. Aber die Abschaffung der alten Zeitzonen verdanken wir ihnen nicht – genauso wenig wie der Kirche, die zu diesem Zeitpunkt angesichts abnehmender Kirchlichkeit auch ganz andere Sorgen hatte. Tatsächlich war es die Eisenbahn, deren Einzug die Schaffung einer neuen einheitlichen Zeit notwendig machte.

Und über allem schwebt die neue Zeit: weit sichtbare Uhr im komfortablen Wartesaal des Bahnhofs Frankfurt am Main um 1900.

Bei Lichte betrachtet, brachte die Eisenbahn im 19. Jahrhundert so ziemlich alles durcheinander (das schafft heute nicht einmal die Deutsche Bahn). Das galt zunächst einmal für das Tempo, das die ersten Lokomotiven an den Tag legten: Diese fahrbaren Maschinen waren, das zeigten bald erste Erfahrungen in England, etwa dreimal so schnell wie die gewohnten Postkutschen. Die erste deutsche Eisenbahn von Nürnberg bis Fürth fuhr zwischen 30 und 35 Stundenkilometer »schnell«. Weil die Eisenbahn die Entfernung in so kurzer Zeit schrumpfen ließ, glaubten die Menschen, dass sie auch den Raum schrumpfen lassen würde. Wie das genau geschah, konnte man nicht sagen, aber es war vielen ziemlich unheimlich. Selbst Ärzte glaubten damals, dass Fahrten mit der Bahn das Gemüt in Mitleidenschaft ziehen. Gerade die Erschütterungen und die für damalige Zeit rasante Bewegung galten als gefährlich.

»Ortsveränderungen mittels irgendeiner Art von Dampfmaschinen sollten im Interesse der öffentlichen Gesundheit verboten sein. Die raschen Bewegungen können nicht verfehlen, bei den Passagieren die geistige Unruhe, ›delirium furiosum‹ genannt, hervorzurufen. Selbst zugegeben, dass Reisende sich freiwillig der Gefahr aussetzen, muss der Staat wenigstens die Zuschauer beschützen, denn der Anblick einer Lokomotive, die in voller Schnelligkeit dahinrast, genügt, diese schreckliche Krankheit zu erzeugen.«

(aus einem Gutachten bayerischer Ärzte von 1835)

Von der Pferdekutsche zur Eisenbahn – wie auf diesem Bild aus England von 1845 wurden zuweilen Kutschen zu Waggons umgerüstet.

»Die erste Testfahrt war in neun Minuten vollendet und somit eine Strecke von 20.000 Fuß (6 km) zurückgelegt. Die Fahrt wurde an diesem Tage noch zweimal wiederholt. Das zweite Mal bin ich auch mitgefahren, und ich kann versichern, dass die Bewegung durchaus angenehm, ja wohltuend ist. Wer zum

Schwindel geneigt ist, muss es freilich vermeiden, die
vorüberfliegenden, nähergelegenen Gegenstände ins
Auge zu fassen.«

(Zeitungsbericht über die Eröffnung der Bahnlinie Nürnberg –
Fürth am 7. Dezember 1835)

Heute schmunzeln wir über die Sorgen der damaligen Betrachter; wir wissen, dass die damals erzielten Geschwindigkeiten die Menschen mental keineswegs durcheinanderwirbelten. Durcheinander geriet durch das rasante Tempo der neuen Fortbewegung aber ganz sicher etwas anderes – nämlich die bisherigen Zeitvorstellungen. Die üblichen unterschiedlichen Zeiten waren kein Problem, solange sich die Menschen zumeist an einem Ort aufhielten. Oder wenn sie zwischen den Orten so gemächlich hin- und herreisten, dass ein Unterschied von ein paar Minuten mehr oder weniger nicht weiter ins Gewicht fiel. Sie »verschwanden« geradezu in der vergleichsweise langen Reisezeit.

»Welche Veränderungen müssen jetzt eintreten in
unsrer Anschauungsweise und in unseren Vorstellun-
gen! Sogar die Elementarbegriffe von Zeit und Raum
sind schwankend geworden. Durch die Eisenbahnen
wird der Raum getötet, und es bleibt uns nur noch
die Zeit übrig [...] Mir ist, als kämen die Berge und
Wälder aller Länder auf Paris angerückt. Ich rieche
schon den Duft der deutschen Linden; vor meiner
Tür brandet die Nordsee.«

(Heinrich Heine anlässlich der Eröffnung der Eisenbahnlinien
von Paris nach Rouen und Orléans im Jahr 1843)

Das buntscheckige Muster der vielen lokalen Zeiten konnte nicht bestehen bleiben. Denn die Eisenbahn – daran mögen sich heute entnervte Berufspendler zuweilen erinnern – wäre ja keine Eisenbahn, wenn sie keinen Fahrplan hätte. Aber wie bitte schön sollte man für eine überregionale Fahrtstrecke einen ordentlichen Fahrplan aufstellen, wenn an den unterschiedlichen Stationen unterschiedliche Zeiten galten? Abfahrts- und Ankunftszeit hatten ja nur für den Ort Gültigkeit, um dessen Lokalzeit es sich handelte.

In England begannen die Eisenbahngesellschaften deshalb, eigene Eisenbahnzeiten für ihre Strecken einzuführen. Zuweilen wurde dem Zugpersonal bei Fahrtbeginn eine Uhr mit der korrekten Zeit übergeben, die dann über die ganze Strecke hinweg die verlässliche Orientierung über die »richtige Zeit« geben sollte. Als man auch mit solchen Verfahren nicht so recht zufrieden war, einigte man sich schließlich darauf, für das gesamte Streckennetz und für alle Linien eine verbindliche Eisenbahnstandardzeit einzuführen. Für sie galt fortan die sogenannte »Greenwich-Zeit«. In England hatten die Eisenbahner damit die Zeit(en) gebändigt – und die anderen Länder sollten folgen.

Alltag mit mehreren Zeiten in Genf um 1880: Die Zifferblätter dieses Turms zeigen die Pariser, die Genfer und die Berner Zeit!

»Ich gebe zunächst zu, dass es für die Eisenbahnen, für den Eisenbahnbetrieb eine große Erleichterung ist, eine große Erleichterung für die Berechnung der Fahrpläne, für den ganzen Betrieb, für die Berechnung, wie die Züge hintereinanderfolgen und dergleichen; das muss ich zugeben, und deshalb sind bei den Eisenbahnen schon besondere Vorkehrungen bezüglich der Zeit getroffen. Aber deshalb ... nun die ganze Bevölkerung des Reichs, die ganze Menschheit in ihrer Zeitexistenz umzugestalten, halte ich für nicht notwendig und nicht einmal für gerechtfertigt.«

(der Abgeordnete Freiherr von Heeremann in der Sitzung des Deutschen Reichstags am 23. Januar 1893)

Auch wenn sich immer mehr Länder auf einheitliche nationale Zeitzonen einigten, so plagten sich bald schon Reisende zwischen den Staaten mit diesen nun entstandenen Länderzeiten herum. Wenn dann noch besondere nationale Eigenheiten dazukamen, konnte der persönliche Reiseplan schon einmal ziemlich durcheinandergeraten. So wie dies eines Tages Sir Sandford Fleming widerfuhr. Frohgemut entstieg dieser an einem strahlenden Nachmittag im Juni 1876 auf dem irischen Landbahnhof Bandoran einer Kutsche. Fleming war ein weitgereister Mann: Der gebürtige Schotte war im fernen Kanada eine bekannte Figur geworden, als Chefingenieur der »Canadian Pacific Railway« hatte er sich vor allem um die Landvermessung und -erschließung durch die Eisenbahn verdient gemacht. Jahrzehnte später organisierte er die Verlegung des weltumspannenden Kabels durch den Pazifik – was ihm 1897 die Erhebung in den Ritterstand einbrachte.

Doch zurück zum kleinen irischen Bahnhof: Fleming wartet also auf den 17-Uhr-35-Zug nach Londonderry, um rechtzeitig seine Anschlussfähre nach England zu erreichen. Man ahnt es schon: Der Herr Ingenieur wartete vergebens. Der Zug kam nicht. Was war passiert? Im Fahrplan hatte ein Druckfehler die Zeitangabe 5.35 Uhr mit den in Großbritannien üblichen Zusätzen »a.m.« und »p.m.« vertauscht (also den Abkürzungen für »vor Mittag« und »nach Mittag«). Der Zug war schon lange weg, und Sandford Fleming fühlte – wie er notierte – »kolossalen Ärger« in sich. Nicht so sehr wegen des Druckfehlers, sondern wegen dieser unnötig komplizierten Zeitrechnung. Und dieser Ärger sollte Folgen haben – und zwar für die ganze Welt ...

Welche Entscheidung bereitete Sandford Fleming nach seinem Erlebnis mit dem verpassten Zug auf dem irischen Bahnhof von 1876 vor?

a) die Einrichtung einer Einheitszeit für alle Länder im britischen Empire

b) die Schaffung einer weltweiten Standardzeit

c) die Abschaffung der Trennung von »a.m.« und »p.m.«

Dass die Briten den Tag mit seinen 24 Stunden halbieren und dann als zweimal zwölf notieren, fand Fleming vielleicht unpraktisch. Aber ändern konnte er das nicht mehr, bis heute lebt diese Unterteilung fort (was heute auch die Menschen in Deutschland wissen, wenn sie abends schnell noch einen elektronischen Wecker stellen wollen und dann – bereits ziemlich müde – zwischen diesen beiden Möglichkeiten unterscheiden müssen). Und eine Einheitszeit für die Länder im britischen Empire gab es nicht – sie waren schließlich über den ganzen Globus verteilt und behielten deshalb ihre eigenen Zeiten. Tatsächlich aber wurde Sir Sandford Fleming zur treibenden Kraft der »Prime Meridian Conference«, die 1884 in Washington statt-

Die Weltzeiten im Blick hatte der Besitzer dieses kleinen Meisterwerks der Uhrmacher-kunst, entstanden in der Schweiz um 1880.

fand – und auf der sich die 27 teilnehmenden Staaten auf die Einführung von Zeitzonen einigten, die sich alle an der Green-wich-Zeit orientierten.

Damit setzte sich Flemings Idee von den Zeitzonen weltweit durch: Der Globus wurde mit 24 Meridianen überzogen (alle 15 Längengrade ein Meridian), um dazwischen eine Zeitzone entstehen zu lassen. Diese Zeitzonen haben zueinander immer

Wo die Zeit zusammenläuft: Die Markierung des Null-Meridians am Royal Observatorium im Londoner Stadtteil Greenwich.

einen Abstand von einer Stunde. Was 1884 nur noch zu klären war, war die Frage nach dem Nullmeridian, also dem verbindlichen Ausgangspunkt der Zeitnahme. Obwohl einige Staaten höchst eigene Vorstellungen (und eigene Kandidaten) hatten, entschied man sich für Greenwich. Das dortige Observatorium war schon längst zu einem verlässlichen Mittelpunkt der Zeitrechnung geworden, so orientierten sich die meisten Handelsschiffe auf ihren Seekarten an Greenwich.

Diese »Erfindung« der weltweit verbindlichen Standardzeit darf man getrost zu den Erfindungen des Industriezeitalters zählen, die am längsten unverändert die Zeit überdauert haben. Gleichwohl gab es Neuerungen: 1925 wurde der Begriff der »Greenwich-Zeit« abgelöst durch die Bezeichnung »Weltzeit« (UT für Universal Time). Heute spricht man von der »koordinierten Weltzeit« (UTC), die auf der Internationalen Atomzeit beruht.

Wem das mit den Zeitzonen und irgendwelchen Atomuhren zu kompliziert ist, der mag sich vielleicht denken: Da verlasse ich mich lieber auf mich selbst und schaue in den Himmel – und wenn die Sonne mittags am höchsten steht, ist es zwölf Uhr. Doch diese seligen Zeiten sind vorbei, zumindest im Sommer. Denn dann gilt bei uns bekanntlich die »mitteleuropäische

Sommerzeit«. Das alljährliche Drehen an der Uhr provoziert immer wieder Kritik – vergessen wird dabei, dass dieses Vorgehen in Deutschland so neu gar nicht ist ...

Wann wurde in Deutschland erstmals eine Sommerzeit eingeführt?

a) während der Revolution von 1848/49

b) zur Jahrhundertwende 1900

c) im Ersten Weltkrieg

Vor der Einführung einer einheitlichen Zeit konnte jede Form von Sommerzeit keinen Sinn machen, deshalb war an einen solchen Schritt 1848 noch gar nicht zu denken. Und auch der Beginn des 20. Jahrhunderts wurde keineswegs zum Anlass genommen, Sommer- und Winterzeit auszuprobieren. Vielmehr geschah dies unter den Bedingungen des Ersten Weltkriegs: Ab Mai 1916 wurde für einige Monate auf die mitteleuropäische Zeit eine Stunde draufgeschlagen, ebenso in den beiden Folgejahren. Wie in anderen Staaten war man damals im Deutschen Reich der Meinung, dass im Land weniger elektrisches Licht benötigt werde, wenn man im Sommer die Uhren einfach eine Stunde vorstellt. Das war ohne Frage eine bestechende Idee, der man gerade in Kriegszeiten begeistert anhing, sodass übrigens auch im Zweiten Weltkrieg wieder eine Sommerzeit galt.

Das Argument vom Energiesparen fand auch nach 1945 viele Anhänger. Und als die Ölkrise Anfang der 1970er Jahre die europäischen Industriestaaten erreichte, erschien die Idee plausibler denn je. Und so wurde auch in Deutschland viele Jahre hin und her diskutiert, bis man sich schließlich darauf einigte, ab 1980 (wieder) die Sommerzeit einzuführen. Doch anders als vielleicht vermutet, war die Aussicht auf eine angebliche Energieersparnis gar nicht das Hauptargument. Vielmehr hatte die Bonner Regierung noch ein anderes Motiv ...

Welcher Grund war 1980 in der Bundesrepublik ebenfalls für die Einführung der mitteleuropäischen Sommerzeit ausschlaggebend?

a) um der für 1981 geplanten Zeitumstellung in der DDR zuvorzukommen

b) um innerhalb der NATO eine gemeinsame Zeit zu haben

c) um mit den anderen europäischen Staaten gleichzuziehen

Mit der NATO hatte diese Entscheidung herzlich wenig zu tun (schließlich lagen die Verbündeten ohnehin auf höchst unterschiedlichen Zeitzonen). Hingegen spielte die Frage der DDR in Zeiten der deutschen Teilung bei vielen Erwägungen der Bonner Politik eine Rolle. So auch in diesem Fall – allerdings nicht im Sinne eines Wettstreits um die Sommerzeit. Vielmehr wollte die westdeutsche Regierung vermeiden, dass es auf deutschem Boden neben zwei Staaten im Sommer auch noch zwei Zeiten gab – jede Reise nach Westberlin wäre zu einer Fahrt durch eine andere Zeitzone geworden. Und deshalb sträubte sich die Bundesrepublik so lange wie irgend möglich, dem Vorbild ihrer westlichen Partner zu folgen. Etwa Frankreich, das bereits 1973 die Sommerzeit wieder eingeführt hatte.

Doch mit dieser Strategie war Bonn bald allein auf weiter Flur. Und der Druck des europäischen Auslands nahm zu. Schließlich machte es angesichts des bereits zusammenwachsenden EU-Binnenmarktes keinen Sinn, dass Westdeutschland als wirtschaftliches Schwergewicht im Sommer eine andere Zeit schrieb. Und als die DDR schließlich ebenfalls ihre Bereitschaft zur Zeitumstellung signalisierte, war es dann endlich so weit. Ein weiterer Schritt zur europäischen Harmonisierung war getan. So wie einst 1893 die Schaffung einer zentralen deutschen Zeit die Nation einen sollte, so sollte 1980 (West-)Europa durch eine gemeinsame Zeit näher zusammenrücken. Und damals wie heute brauchte es dafür natürlich ein ordentliches Gesetz. So verabschiedete der Bonner Bundestag ein eigenes »Zeitgesetz«, das uns bis heute verbindlich vorgibt, was die Stunde geschlagen hat ...

Wer hat an der Uhr gedreht? 1980 waren es an der deutsch-schweizerischen Grenze nur die Deutschen – inzwischen gilt in beiden Ländern die Sommerzeit.

>*(1) Im amtlichen und geschäftlichen Verkehr werden Datum und Uhrzeit nach der gesetzlichen Zeit verwendet. (2) Die gesetzliche Zeit ist die mitteleuropäische Zeit. Diese ist bestimmt durch die koordinierte Weltzeit unter Hinzufügung einer Stunde [...] (4) Für den Zeitraum ihrer Einführung ist die mitteleuropäische Sommerzeit die gesetzliche Zeit. Die mitteleuropäische Sommerzeit ist bestimmt durch die koordinierte Weltzeit unter Hinzufügung zweier Stunden.*«*

(aus dem »Gesetz über die Zeitbestimmung« [Zeitgesetz] vom 25. Juli 1978)

Bleibt der Vollständigkeit halber nur zu erwähnen, dass die ganze Sommerzeitregelung keine Vorteile beim Energieverbrauch bietet. Die Einsparung an Strom für die Beleuchtung am Abend wird wieder ausgeglichen durch den Mehrverbrauch bei den morgendlichen Heizkosten. So gesehen macht das Ganze also keinen Sinn. Aber wer in Europa aus dem Sommerzeitkreislauf aussteigen will, hat wieder das alte Problem, dass er plötzlich ganz allein dasteht mit seiner eigenen Zeit. Und das will angesichts der mühsamen Geschichte der Zeit wohl niemand mehr.

Tipp zum Weiterlesen:

Wolfgang Schivelbusch: Geschichte der Eisenbahnreise. Zur Industrialisierung von Raum und Zeit im 19. Jahrhundert, Frankfurt am Main 2000. Ein lesenswerter Band, der nicht nur die Veränderung der Zeit durch die Eisenbahn verständlich beschreibt.

09

Friedrich der Große

Der König mit den vielen Gesichtern

Die Weltgeschichte ist nicht gerade verschwenderisch, wenn es um die Verleihung von Beinamen geht. Und so geht man als »der Große« nicht einfach so in die Geschichtsbücher ein. Dafür musste man schon einiges geleistet haben – wobei die Nachwelt dann im jeweiligen Fall immer noch herzhaft darüber streiten konnte, ob diese Taten nun wirklich die Welt verbessert haben oder nicht. Bei Friedrich II. von Preußen (1712–1786) war man mit dem ehrenvollen Namen rasch bei der Hand: Schon kurz nach seinem Regierungsantritt bezeichnete ihn der befreundete französische Philosoph Voltaire als Friedrich den Großen. Das war ein Freundschaftsdienst mit Folgen, denn unter diesem Namen kennen die meisten von uns den Preußenkönig.

Friedrich der Große – das Denkmal: Das Reiterstandbild Unter den Linden in Berlin präsentiert den König in Glanz und Gloria.

Doch die Geister scheiden sich bis heute an diesem Herrscher: Den einen gilt er als großer deutscher Aufklärer, anderen als eiskalter Machtmensch. Mancher denkt bei Friedrich dem Großen mit großem Entzücken an das Flötenkonzert von Sanssouci, ein anderer fühlt sich an die vielen Toten der zahlreichen königlichen Kriege erinnert. So richtig entschieden ist in der Erinnerung nichts: Friedrich war eben von allem etwas – und also ein König mit vielen Gesichtern.

> *»Die einen verherrlichen ihn als Vorbild eines Herr-schers – und sie haben recht. Andere verdammen ihn als gewissenlosen Zyniker – auch sie haben Gründe dafür. Und dennoch haben beide wohl nur einen Teil des Ganzen erfasst. Friedrich ist auf keinen einheitlichen Begriff zu bringen.«*
>
> (der ehemalige Bundespräsident Richard von Weizsäcker zum 200. Todestag Friedrichs II. im Jahr 1986)

Unbestritten sind bis heute die Folgen seiner Politik: Was Friedrich einst zur Mehrung von Preußens Glanz und Gloria unternahm, prägt zuweilen noch heute unser alltägliches Leben, manchmal ohne dass wir es wissen. Das gilt vielleicht auch für eine Neuerung, für die Friedrich der Große im Jahr 1756 sorgte …

Was führte Friedrich der Große 1756 per Erlass in Preußen ein?

a) die allgemeine Wehrpflicht, um die Heeresstärke zu sichern

b) die Kartoffel, um Hungersnöte zu lindern

c) das Kindergeld, um das Bevölkerungswachstum zu steigern

Also: Weder für das Kindergeld, ein Kind des 20. Jahrhunderts, noch für die allgemeine Wehrpflicht ist Friedrich II. verantwortlich. Die kam in Preußen nämlich erst mit Beginn des 19. Jahrhunderts und führte übrigens dazu, dass sich viele junge Männer absetzten, untertauchten oder gar ins Ausland entkamen – fast alles erschien ihnen erträglicher als der preußische Kriegsdienst. Tatsächlich aber kümmerte sich der Alte Fritz höchstpersönlich um den Anbau der Kartoffel. Aus Gründen der Staatsräson hatte er schon 1746 (wie übrigens auch schon einmal sein Vater) an Bauern Kartoffeln verteilen lassen, damit diese sich mit der ihnen noch fremden Frucht anfreundeten. Doch das gute Zureden half nicht so recht – und deshalb folgte 1756 der eigene Erlass.

> »Als habt Ihr denen Herrschaften und Untertanen
> den Nutzen von Anpflanzung dieses Erdgewächses be-
> greiflich zu machen, und denselben anzuraten, dass
> sie noch dieses Frühjahr die Pflanzung der Kartoffeln
> als einer sehr nahrhaften Speise unternehmen [...]
> Wo nur ein leerer Platz zu finden ist, soll die Kartof-
> fel angebaut werden, da diese Frucht nicht allein sehr
> nützlich zu gebrauchen, sondern auch dergestalt er-
> giebig ist, dass die darauf verwendete Mühe sehr gut
> belohnt wird.«
>
> (aus dem »Kartoffelbefehl« Friedrichs II. an »sämmtliche Land-
> und Steuer-Räthe, Magisträte und Beamte« vom 24. März
> 1756)

Die Bauern waren schon damals ein hartnäckiges Völkchen. Und was der Bauer nicht kannte, das fraß er auch zu jener Zeit nicht – in diesem Falle: Das baute er nicht an. Denn die Vorbehalte gegen die Kartoffelpflanze waren groß. Einige Bauern gruben die Saatkartoffeln wohl sogar heimlich wieder aus, weil sie dem fremden Gewächs misstrauten. Aber auch in anderen europäischen Ländern, in denen die Kartoffel erst später bekannt wurde, hatte sie zunächst einen schlechten Ruf. Immer wieder bemühten sich die Regierungen mit guten Worten, aber manchmal halfen auch die nicht: Aus dem Jahr 1802 wird vom Balkan berichtet, dass dort unter österreichischer Herrschaft serbische oder kroatische Bauern mit vierzig Stockschlägen bedroht wurden, wenn sie es wagten, die Aussaat der Kartoffel auf ihren Feldern zu verweigern.

Auf seinen Inspektionsreisen durch das Königreich informierte sich Friedrich auch über den Stand des Kartoffelanbaus – so wie auf diesem Bild nachgestellt.

Doch man sollte über die Bauern der damaligen Zeit nicht voreilig den Stab brechen: Die Knollen der ersten Generation waren oft genug von säuerlicher und wässriger Substanz, die gelegentlich sogar giftig gewesen sein dürfte. Außerdem war die Annahme weit verbreitet, dass die Kartoffel sich in erster Linie zur Brotherstellung eigne – was sich zur allgemeinen Enttäuschung allerdings nicht bewahrheitete. Gegen solche Erfahrungen vermochte die Überzeugungskraft der Obrigkeit nicht immer etwas zu bewirken. Das gelang erst dem Hunger. Wie in ganz Europa, so eben auch in Preußen: Die Hungersnot von 1770 bis 1772 sowie schon die Nahrungsmittelkrisen in den Jahren zuvor beförderten Anbau und Konsum der Kartoffel in einem bis dahin unbekannten Ausmaß.

> *»Die armen Bauern dieser Gegend verbringen gut*
> *sechs Monate im Jahr nur mit Kartoffeln, und es sind*
> *wunderschöne Menschen, stark und vollkommen ge-*
> *sund.«*
>
> (ein italienischer Betrachter der deutschen Landwirtschaft im Jahr 1767)

Ob man den königlichen Einsatz für die Kartoffel nun zu schätzen weiß oder nicht, ist vielleicht Geschmackssache. Manche Biographen Friedrichs II. können es sich jedenfalls nicht verkneifen, mit einer ordentlichen Portion Ironie diese Bemühungen als wohl segensreichste politische Entscheidung des Hohenzollern-Herrschers zu bezeichnen. Aber immerhin: Noch heute werden auf der Grabplatte des Königs von Besuchern (neben anderen Skurrilitäten) zuweilen auch Kartoffeln abgelegt – ein später Dank der Nachwelt für den sanften Druck, den der Herrscher angesichts seiner hungrigen Untertanen einst bei der Einführung dieser Pflanze ausübte.

Das Jahr 1756, in dem Friedrichs Kartoffelbefehl übers Land ging, markiert zugleich den Auftakt des sogenannten »Siebenjährigen Krieges«. Der jahrelange Streit zwischen Preußen und Österreich um Schlesien wurde erneut militärisch ausgetragen. Den nun beginnenden, besonders blutigen Krieg überstand Friedrich der Große nur mit viel Glück – aber am Ende mit einem relativ zufriedenstellenden Ergebnis. Doch seine Kriegspolitik war – nicht anders als heute – für die Staatskasse eine ziemliche Belastung. Der König brauchte Geld. Eigentlich hatte er bei seinem Regierungsantritt 1740 von seinem Vater Friedrich

Wilhelm I. zumindest in dieser Hinsicht ein ordentliches Erbe vorgefunden: Der Herr Papa hinterließ ihm einen für damalige Verhältnisse stattlichen Staatsschatz von fast acht Millionen Talern, der übrigens in Fässern gelagert und in den Kellerräumen des Berliner Schlosses aufbewahrt wurde.

Wenn aber die laufenden Kosten steigen, muss ein Regierungschef immer auf dem Laufenden sein, welche interessanten Ideen verbreitet werden, um den Staatssäckel wieder zu füllen. Deshalb tat Friedrich das, was alle Könige (und später auch Demokraten) in einem solchen Falle taten: Er hörte zu, was mehr oder weniger ausgewiesene Kenner der Materie für Vorschläge machten ...

Wer beriet einmal Friedrich den Großen bei seinen Finanzsorgen?

a) die Brüder Grimm

b) Giacomo Casanova

c) Friedrich Wilhelm Raiffeisen

Also Herr Raiffeisen, der heute noch bekannte Begründer des ländlichen Genossenschaftswesens, war kein Zeitgenosse Friedrichs des Großen, er wurde erst 1818 geboren. Und auch die Brüder Grimm kamen als Berater nicht in Frage, weil sie erst kurz vor Friedrichs Tod geboren wurden. Es war also tatsächlich der legendäre Giacomo Casanova, der dem Preußenherrscher einen guten Rat gab. Denn der gute Casanova (er lebte von 1725 bis 1798) hatte keineswegs nur Frauen im Kopf, sondern auch Geld. Er hatte ursprünglich Theologie und Jura studiert, entschloss sich dann allerdings für das unstete Wanderleben quer durch Europa, das ihm bis heute Ruhm und ihm damals vermutlich jede Menge Spaß eingebracht hat (wenn wir einmal

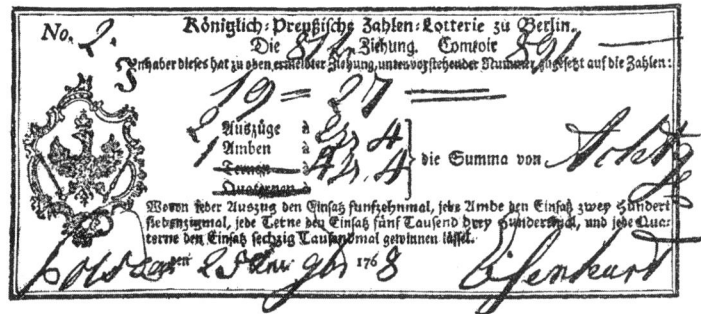

Glück im Spiel? Ob dieser Lotterieschein aus dem Jahr 1768 den Inhaber zu einem reichen Mann machte, wissen wir nicht.

außer Acht lassen, dass er einst in Venedig ohne jeden Prozess über ein Jahr lang eingesperrt wurde). Da mag es nicht verwundern, dass sich der charmante Abenteurer auch zum Glücksspiel hingezogen fühlte – genaugenommen zum Zahlenlotto. Dabei hoffte er nicht auf den großen Gewinn als Spieler, sondern hatte den Reibach des Lottobetreibers im Sinn. Erste Erfahrungen hatte Casanova damit in Paris gemacht, auf seinen weiteren Reisen durch Europa ging er mit dieser Idee hausieren – schließlich auch am Hofe von Friedrich dem Großen.

Ein solches Spiel sei eine Steuer »der exzellenten Gattung«, versuchte der Charmeur 1764 dem Preußenkönig bei einem Treffen in Sanssouci die Sache schmackhaft zu machen. Doch Casanova kam mit seiner Begeisterung ein wenig zu spät: Friedrich II. hatte schon im Jahr zuvor in Preußen das Lotto eingeführt (das war ein »5 aus 90«). Allerdings hatte er damit nicht den erhofften Gewinn gemacht und deshalb die Konzession an einen Privatmann verpachtet. So strich die Staatskasse eine feste jährliche Summe ein, sah sich aber nicht selbst den Launen des Glücks ausgesetzt ...

»Ist die Lotterie keine Steuer?«

»Doch, sie ist eine Steuer, die ehrenhaft sein kann, wenn ihr Ertrag nützlichen Zwecken zugeführt wird.«

»Und wenn sie nur Verlust bringt?«

»Eine Möglichkeit unter zehn ist keine Möglichkeit.«

»Sie täuschen sich.«

»Ich kann mich täuschen, Arithmetik aber nicht.«

»Es ist Ihnen sicherlich nicht unbekannt, dass ich vor drei Tagen zwanzigtausend Taler verloren habe.«

»Majestät haben einmal in zwei Jahren verloren. Wenn ich die Größe des Gewinnes auch nicht kenne, so sagt mir die des Verlustes hinlänglich, dass er bei früheren Ziehungen bedeutend gewesen sein muss.«

»Und wenn schon – es gibt viele verständige Leute, die diese Steuer schlecht beurteilen.«

(Gespräch zwischen Giacomo Casanova und Friedrich dem Großen im Garten von Sanssouci, später aufgezeichnet von Casanova)

Weniger auf sein Glück als vielmehr auf seine eigenen Fähigkeiten verließ sich Friedrich der Große auch bei der Planung von Sanssouci: Das Schloss und die bis heute bewunderte Terrassenanlage überließ er nicht allein seinem Baumeister, sondern griff beherzt selbst bei den Planungen und Entwürfen ein. Und entgegen seinen sonstigen Gepflogenheiten legte er für die Ausschmückung der weitläufigen Anlage viel Geld auf den Tisch, antike und moderne Skulpturen wurden herangeschafft, kostbare Bilder aufgehängt. Hier wollte Friedrich das königliche Leben genießen, hier wollte er so oft wie nur irgend möglich »sans souci« sein – ohne Sorge. Ungestört von den Staatsgeschäften, gedachte er an diesem Fleckchen seinen persönlichen Neigungen und Interessen nachzugehen. Dabei barg das neue Domizil eine gewisse Überraschung ...

Wofür sorgte Friedrich der Große beim Bau des Schlosses Sanssouci?

a) Er untersagte die Verwendung von Marmor.

b) Es wurde ein eigener Garten für die Hunde des Königs angelegt.

c) Es wurde bewusst auf einen Keller verzichtet.

Die Liebe des Königs zu seinen Hunden ist ja bekannt. Sie ging aber nicht so weit, dass für die Vierbeiner ein eigener Garten angelegt wurde. Und es trifft auch nicht zu, dass kein Marmor verbaut wurde. Vielmehr bildet der sogenannte Marmorsaal den eigentlichen Festsaal des Schlosses und gilt als besonderes Schmuckstück des Gebäudes.

Was gibt es Schöneres für einen Potsdam-Besucher, als bei schönstem Wetter Schloss Sanssouci und die davor gelegenen Weinbergterrassen zu besuchen ...

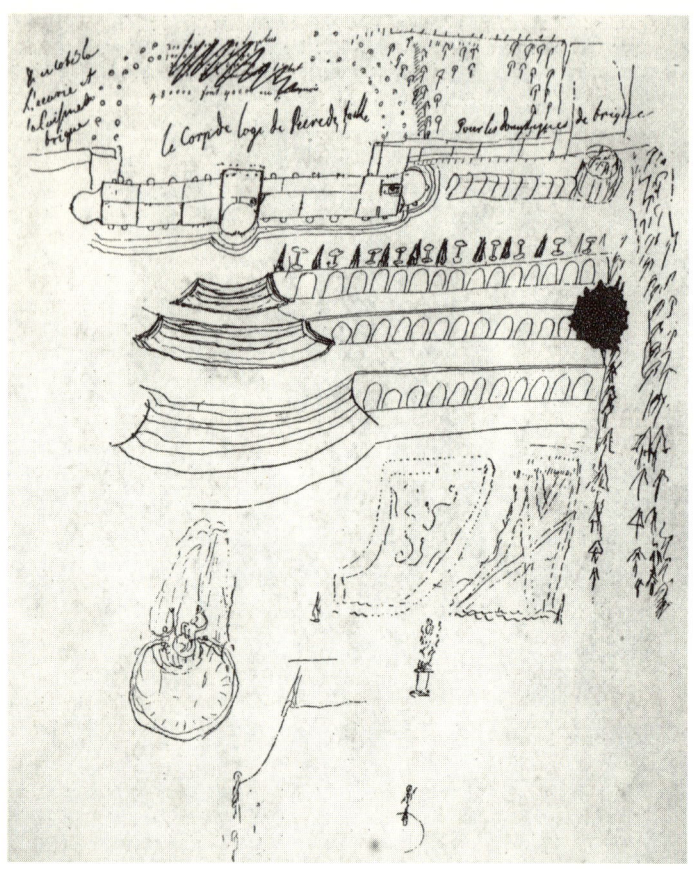

... und hier ein eigenhändiger Entwurf Friedrichs des Großen zum Bau der Gartenterrassen.

Tatsächlich verzichtete der Bauherr auf ein Kellergeschoss: Friedrich widersprach dem Vorschlag seines Architekten Knobelsdorff, ein Sockelgeschoss mit einzuplanen. Er wolle kein repräsentatives Gebäude, sondern ein vergleichsweise privates Heim, so soll der Herrscher erklärt haben. Ihm sei es viel wichtiger, aus dem Inneren direkt auf die große Terrasse herauszutreten, ohne irgendwelche Stufen herabsteigen zu müssen. Außerdem drängte der König auf eine rasche Realisierung seines Sommersitzes – der Bau eines Kellergeschosses hätte da nur aufgehalten.

> *»Dort auf des Hügels luft'ger Spitze,*
> *Wo frei das Auge schwelgt in fernen Sichten,*
> *Ließ sich der Bauherr zum erhabnen Sitze*
> *Mit Fleiß und Kunst das Haus errichten.«*
>
> (Friedrich der Große in einem Gedicht über sein neues Schlösschen)

Friedrich II. war es wichtig, dass er sich in Potsdam wohl fühlte. Dass sich bei seiner Frau Gemahlin, der Königin, ebenfalls dieses Gefühl einstellte, war allerdings nicht sein Ziel. Vielmehr nahm er den Einzug in sein Traumschlösschen zum Anlass, in aller Öffentlichkeit wieder einmal seine schier unglaubliche Geringschätzung für die ihm seit Jahren angetraute Elisabeth Christine zu demonstrieren ...

Welche Demütigung ließ sich Friedrich beim Bezug des Schlosses Sanssouci für seine Frau einfallen?

a) Sie musste die Gäste bedienen.

b) Sie wurde nicht eingeladen.

c) Sie durfte den Garten nicht betreten.

Ob es tatsächlich eine feierliche Einweihung des Schlosses gab, ist unklar. Aber sicher ist: Der König hat seine Königin niemals auf das Schloss eingeladen – weder beim Bezug seines Sommersitzes noch zu irgendeinem anderen Termin. Wozu auch? Der

König brauchte sich ja gar nicht mehr zu verstellen, es war ja allenthalben bekannt, dass er mit der Gemahlin nicht einmal das Haus teilen wollte: Er hatte sie nach seinem Regierungsantritt und seinem damit verbundenen Umzug ins Potsdamer Stadtschloss kurzerhand an den Rand von Berlin abgeschoben. Im Schloss Schönhausen im Norden der Stadt musste die Königin 1740 ihren Wohnsitz nehmen – für Friedrich war das ausreichend weit entfernt. Nur zu protokollarisch unbedingt notwendigen Anlässen kamen die beiden zusammen. Aber das Schloss in Sanssouci hat sie vermutlich ihr ganzes Leben nie betreten.

Sein gestörtes Verhältnis zu seiner Frau war nur die logische Fortsetzung seines gestörten Verhältnisses zu den Frauen allgemein. Der Herrscher war dem anderen Geschlecht in einem solchen Maße abgetan, dass man schon zu Lebzeiten munkelte, ob er sich nicht doch eher zu Männern hingezogen fühlte. Die 1733 geschlossene Ehe mit der damals 17-jährigen Prinzessin Elisabeth Christine von Braunschweig-Bevern hatte einst der gestrenge Herr Papa eingefädelt, der Sohn beugte sich diesem »Befehl«, die Ehe blieb allerdings kinderlos. Während seiner Jahre als Kronprinz in dem von ihm geliebten Schloss von Rheinsberg duldete er zwar gnädigerweise die Anwesenheit seiner Frau und ihrer Hofdamen. Auch durften die Frauen an der Konversation oder an der einen oder anderen Bootspartie teilnehmen. Aber so richtig wohl fühlte sich Friedrich nur in der Gesellschaft seiner männlichen Freunde, der jungen Offiziere und Künstler.

> *»Die Prinzessin ist nicht hässlich, auch nicht schön. Sie ist ein gottesfürchtiger Mensch, und dieses ist alles, und comportable sowohl mit Euch als mit den Schwiegereltern.«*
>
> (Friedrich Wilhelm I. preist seinem Sohn Friedrich die künftige Gemahlin an)

»Ich habe die Gnade gehabt, meines allergnädigsten Vaters Brief zu empfangen, und ist mir lieb, dass mein allergnädigster Vater von der Prinzessin zufrieden ist. Sie mag sein, wie sie will, so werde jederzeit meines allergnädigsten Vaters Befehle nachleben.«
(der junge Friedrich 1732 in der Antwort an seinen Vater)

Die Sache mit der arrangierten Hochzeit mag sich lustig anhören, und ohnehin war ein solches elterliches Vorgehen in den europäischen Adelshäusern damals durchaus üblich. Aber im Falle des jungen Friedrich war die ganze Angelegenheit dann doch etwas ernster: Er hatte nämlich unter seinem cholerischen und strengen Vater massiv zu leiden – und die Flucht des Jungen zu seinen Büchern oder in die Flötenmusik machte das Leiden der frühen Jahre nur wenig erträglicher. Als er schließlich sogar einen konkreten Fluchtversuch plante, griff der gestrenge Vater unerbittlich durch: Friedrich wurde in der Festung von Küstrin gefangen gesetzt und der an den Fluchtplänen beteiligte und eng mit dem Prinzen befreundete Leutnant von Katte geköpft. Zu allem Überfluss wurde Friedrich gezwungen, der Enthauptung seines besten Freundes beizuwohnen. Über den Zustand des Vater-Sohn-Verhältnisses braucht man wohl nicht mehr zu sagen ...

»Täglich bekomme ich Schläge, werde behandelt wie ein Sklave und habe nicht die mindeste Erholung [...] Was mich endlich ganz überwältigt hat, ist der letzte Auftritt, den ich in Potsdam mit dem König hatte. Er lässt mich des Morgens rufen; sowie ich eintrete, fasst er mich bei den Haaren, wirft mich zu Boden, und nachdem er seine starken Fäuste auf meiner Brust und meinem ganzen Leibe erprobt hatte, schleppt er mich an das Fenster und legt mir den Vorhangstrang um den Hals. Glücklicherweise hatte ich Zeit gehabt, mich aufzuraffen und seine beiden Hände zu fassen;

da er aber den Vorhangstrang aus allen Kräften zuzog
und ich mich erdrosselt fühlte, rief ich endlich um
Hilfe. Ein Kammerdiener eilte herbei und befreite
mich mit Gewalt aus des Königs Händen. Sage nun
selbst, ob mir ein anderes Mittel übrig bleibt als die
Flucht?«

(Klage des jungen Friedrich nach den Aufzeichnungen seiner
Schwester Wilhelmine)

Trotz dieser zweifellos schweren Jahre: Der junge Friedrich war
wohl derjenige preußische König, der mit mehr außerordentlichen Talenten gesegnet war als alle Hohenzollernherrscher
vor und nach ihm. Bekanntermaßen war er ein ausgezeichneter
Musiker (und nicht nur daheim spielte er gerne Flöte, selbst
auf Feldzügen konnte man in preußischen Lagern zur Abend-
zeit zuweilen sein Spiel hören), überdies war er ein regelrechter
Büchernarr: Er verschlang sein Leben lang Bücher und galt
übrigens selbst als höchst origineller Historiker. Als souverä-
ner Kenner der Philosophie pflegte er außerdem lange einen
intensiven Kontakt mit dem großen französischen Denker Voltaire.

»Mein ganzer Sinn ist auf die Philosophie gerichtet.
Sie leistet mir wunderbar gute Dienste, und ich bin
ihr vielen Dank dafür schuldig.«

(Friedrich als Kronprinz in einem Brief an einen Freund)

Als Friedrich 1740 mit 28 Jahren den Königsthron bestieg, verbanden sich große Hoffnungen mit dem vermeintlichen »Philosophen« an der Spitze des Staates. Als Förderer der Menschlich-
keit im Sinne der Aufklärung sahen ihn viele – und schienen
sich in den ersten Tagen seiner Regentschaft tatsächlich nicht
getäuscht zu haben ...

Was schaffte Friedrich II. bald zu Beginn seiner Herrschaft weitgehend ab?

a) die Kinderarbeit

b) die Folter

c) die Steuern

Dass Kinder bei der Arbeit der Erwachsenen mit anpacken mussten, ist eine traurige historische Realität, schon im Mittelalter mussten sie bei der Haus- und Landwirtschaft helfen – und oft auch gemeinsam mit ihren Eltern Frondienste leisten. Die aufkommende Industrialisierung verschlimmerte diese Situation noch, aber erst 1839 – und damit lange nach Friedrich dem Großen – wurde in Preußen ein erster gesetzlicher Schutz vor Kinderarbeit geschaffen. Und auch wenn Friedrich nach seinem Amtsantritt einige wichtige indirekte Steuern aufheben ließ – die Steuern blieben in Preußen natürlich wichtiges Instrument der Staatsfinanzierung.

Tatsächlich wurde am 3. Juni 1740 eine sogenannte Kabinettsorder des Königs herausgegeben, in der die »Tortur« – als die damals die Folter zumeist bezeichnet wurde – untersagt wurde. Zwar schreckte Friedrich vor der völligen Abschaffung zunächst noch zurück: Die »Tortur« durfte bei Majestätsverbrechen, bei Landesverrat oder Massenmord vorerst weiter angewendet werden, was allerdings kaum noch geschah. Diese letzten Möglichkeiten wurden dann einige Jahre später – 1755 – auch untersagt. Friedrich der Große sorgte damit als erster Monarch in Europa für die Abschaffung der Folter.

> »Seine Königliche Majestät haben resolviret, in Dero Landen bei denen Inquisitionen die Tortur gänzlich abzuschaffen, außer bei dem crimine laesae majes-

tatis und Landesverräterei, auch denen großer Mord-
taten, wo viele Menschen ums Leben gebracht.«

(Verfügung Friedrichs II. im Jahr 1740)

Die Abschaffung der Folter ist fraglos ein echter Fortschritt in
der Geschichte, wenngleich sie bis heute noch immer eine Geißel der Menschheit ist. Auch mit der religiösen Toleranz tun sich
heute noch viele schwer – und auch sie könnten zur klugen Be-
lehrung bei Friedrich dem Großen nachschlagen. Als dieser am
17. August 1786 im Alter von 74 Jahren – und nach 46 Jahren auf
dem preußischen Thron – starb, hinterließ er nämlich der Nachwelt viele leise und kluge Worte. Etwa da, wo es um die Religion
(und den Streit der Religionen) ging. Alle Glaubensbekenntnis-
se müssten im Staat toleriert werden, hatte er erklärt, denn »hier
muss ein jeder nach seiner Fasson selich werden«.

Verehrung über den Tod hinaus: Auf Friedrichs Grabplatte legen Besucher heute immer
noch Blumen ab – und auch Kartoffeln.

»Alle Religionen seindt gleich und guht, wan nuhr die leute, so sie profesiren, Erlige leute seindt, und wen Türken und Heiden kähmen und wollten das Land pöpliren, so wollen wir sie Mosqueen und Kirchen bauen.«

(Friedrich II. über das Zusammenleben der Religionen in Preußen)

Tipp zum Weiterlesen:

Georg Holmsten: Friedrich II., Reinbek 2006. Die aktuelle Auflage einer bereits 1969 erschienenen kleinen Biographie, die aber immer noch sehr anschaulich Leben und Werk des Königs beschreibt.

Selten so gelacht 10

Von Spaßmachern und anderen ernsten Angelegenheiten

Geschichte ist bestimmt nicht immer lustig – aber gelacht haben unsere Vorfahren dennoch immer wieder und reichlich. Wenn ihnen selbst gerade einmal nichts Komisches einfiel, dann standen ihnen die unterschiedlichsten Witzbolde, Possenreißer und freiwillige wie unfreiwillige Komiker zur Seite. In deren Auftritte kam so richtig Schwung, wenn sie sich dabei humorvoll an den Mächtigen ihrer Welt vergriffen: So wie heute über Angela Merkel oder George W. Bush, so lachten die Menschen einst über Zeus oder Cäsar, über die Päpste oder ihre Könige. Das ging allerdings in aller Regel nur so lange gut, wie sie den Bogen nicht überspannten. Denn wenn an einem Punkt – aus Sicht der Mächtigen – Schluss mit lustig war, konnte es für den Witzemacher durchaus gefährlich werden. Von der fröhlichen Parodie zur Majestätsbeleidigung war es manchmal nur ein kleiner Schritt ...

Schon die alten Griechen hatten ihre helle Freude an den Witzbolden ihrer Zeit. Nicht umsonst erfreuten sie sich an der von ihnen so gepflegten Komödie. Der zuweilen recht deftige Humor machte dabei selbst vor den Göttern nicht halt – und die irdische Obrigkeit durfte da selbstverständlich auch nicht mit Schonung rechnen. Noch heute etwa amüsiert sich die Nachwelt über den Wortwechsel beim Treffen zwischen dem Philosophen Diogenes und Alexander dem Großen, der irgendwann im 4. Jahrhundert v. Chr. erdichtet wurde: Der Herrscher über den Großteil der damals bekannten Welt – also die personifizierte Supermacht jener Zeit – trat auf den ruhenden Philosophen zu und forderte ihn gönnerhaft auf: »Fordere von mir, was du willst!« Die Antwort dürfte ihn überrascht haben ...

> **Was wünschte sich einst Diogenes von Alexander dem Großen?**
>
> a) Er möge ihm aus den Augen gehen.
>
> b) Er möge ihm aus der Sonne gehen.
>
> c) Er möge zum Teufel gehen.

Diogenes ergriff tatsächlich nicht die Chance auf großen Reichtum, hübsche Frauen oder sonstige Privilegien. Sagen wir's mal so: Ihm war das Glück des Augenblicks wichtiger als alle Güter dieser Welt. Der Philosoph fühlte sich nämlich bei seinem entspannten Sonnenbad gestört – und forderte den großen Herrscher deshalb kurz und bündig auf, ihm aus der Sonne zu gehen. Dass Diogenes dabei in der berühmten Tonne gesessen habe, wird zwar immer noch gerne erzählt (deshalb kennen die meisten ihn auch als »Diogenes in der Tonne«), doch dürfte das wohl eine hübsche Legende sein.

Zweifellos lieferte uns der Philosoph mit dieser humorvollen Anekdote ein schönes Beispiel für den gepflegten Humor, für den intelligenten Witz jener Zeit. Dabei konnten unsere Vorfahren

Die Szene des legendären Wortwechsels zwischen Geist und Macht

ALEXANDER.

in der Antike auch ganz anders. Sie erfreuten sich durchaus an platten Kalauern, sie hatten ihren Spaß an rüden Sprüchen, an drastischen Beleidigungen und selbstverständlich an möglichst schlüpfrigen Geschichtchen – ob darüber allerdings eher die Männer als die Frauen lachten, können wir heute nicht mehr so recht beurteilen ...

> »*Diogenes besuchte einen reichen Mann in dessen prächtiger Villa. Der Hausherr bat ihn, in seinem luxuriösen Hause nicht zu spucken. Diogenes räusperte sich kurz und schleuderte dann seinem Gegenüber eine ganze Ladung Speichel mitten ins Gesicht. ›Einen passenderen Ort habe ich nicht gefunden‹, meinte er.*«
>
> (der griechische Philosoph Diogenes Laertios im 3. Jahrhundert n. Chr.)

> »*Ein griesgrämiger einäugiger Arzt fragte einen Kranken: ›Wie geht's?‹ Der erwiderte: ›Wie du siehst.‹ Worauf der Arzt sagte: ›Wenn's dir so geht, wie ich sehe, bist du halbtot.‹*«
>
> (aus einer antiken griechischen Witzesammlung)

Die alten Griechen und Römer hatten also erkannt, dass guter Humor eine tolle Sache ist – und wer es sich leisten konnte, bestellte sich einen Könner ins Haus: Vor allem bei privaten Festen sorgten die sogenannten Spaßmacher für die richtige Stimmung. Zu ihrem Repertoire zählten natürlich jede Menge Witze, die spontane Fähigkeit zur Imitation von Anwesenden und oft die Kunst der lustigen musikalischen Einlage – in seiner idealen Ausprägung muss man sich den griechischen Spaßmacher wohl wie einen antiken Otto Waalkes vorstellen. In Athen gründete sich sogar ein Verein der Spaßmacher, der sich »Die Sechzig« nannte. Noch allerdings waren die meisten von ihnen wohl Amateure, also Gelegenheitsspaßvögel. Und doch waren sie bereits gefragt – sogar an den Höfen der benachbarten Könige von Makedonien und Thrakien.

> *»Da die Leute wissen, dass ich ein Spaßmacher bin,*
> *laden sie mich gerne dazu ein, wenn sie etwas zu*
> *feiern haben, ergreifen jedoch, wenn ihnen etwas*
> *Schlimmes zugestoßen ist, die Flucht, ohne sich noch*
> *einmal umzudrehen, aus Furcht, wider Willen lachen*
> *zu müssen.«*
>
> (ein Spaßmacher im antiken Griechenland)

Auch wenn die Antike nicht nur eine Zeit des Lachens war, so war aber auch das Mittelalter nicht gar so finster, wie wir zuweilen immer noch glauben. Auch diese Jahrhunderte kannten selbstverständlich den Humor und das Lachen. Allerdings hatte man im Mittelalter zuweilen auch seine Probleme damit – genaugenommen: die Kirche. Ihr war das Lachen zwar nicht fremd, und zuweilen waren ja gerade Mönche und Kleriker an der Humorproduktion beteiligt. Aber theologisch war für die Kirche das Lachen in gewisser Weise ein Problem: Einerseits schien das Lachen etwas zu sein, was den Menschen ausmacht – also zu seinem Leben unbedingt dazugehört. Andererseits ließ das gängige Jesusbild nicht die Vorstellung zu, dass der Heiland selbst gelacht hat – jedenfalls war das so nicht überliefert.

Aber es gab Auswege. So kam die Kirche schließlich zu dem weisen Schluss, zwischen gutem und unzulässigem Lachen zu unterscheiden. Und manche Zeitgenossen gingen noch weiter und machten sich Gedanken, wie sie für sich persönlich das Problem überbordender Lustigkeit in den Griff bekommen könnten. So etwa der französische König Ludwig IX. (1214–1270). Der ging zwar als »Ludwig der Heilige« in die Geschichte ein, aber zugleich wissen wir von ihm, dass er ein Mann war, der gerne lachte. Wie versuchte er dies mit seinem Amt und seiner Zeit zu vereinbaren?

Wie ging König Ludwig IX. im 13. Jahrhundert persönlich mit dem Lachen um?

a) Er lachte nur nach Sonnenuntergang.

b) Er lachte nicht an Freitagen.

c) Er lachte nicht in Anwesenheit von Frauen.

Das Lachen nur nach Sonnenuntergang und nur unter Männern wäre wohl eine zu große Einschränkung seines Lebens gewesen: Stattdessen versuchte der König, der – ganz ohne Spaß – als getreuer Gotteskämpfer an zwei Kreuzzügen teilnahm, an Freitagen nicht zu lachen, schließlich steht dieser Wochentag in der christlichen Welt für die Erinnerung an den Tod Christi (Karfreitag).

Wer mit seinem eigenen Lachen Probleme hatte oder einfach schlicht untalentiert zum Spaßmachen war, konnte wie schon die Reichen in der Antike einen Komiker kommen lassen: Bis zum Ende des Mittelalters hatte sich in Deutschland das Amt des Stadtnarren etabliert; kein Stadtfest und keine Privatfeier von Rang kam ohne die Hilfe eines »Possenreißers« oder auch des sogenannten »Spruchsprechers« aus. Dieser wurde etwa zu Hochzeitsfeiern bestellt, wo er zunächst

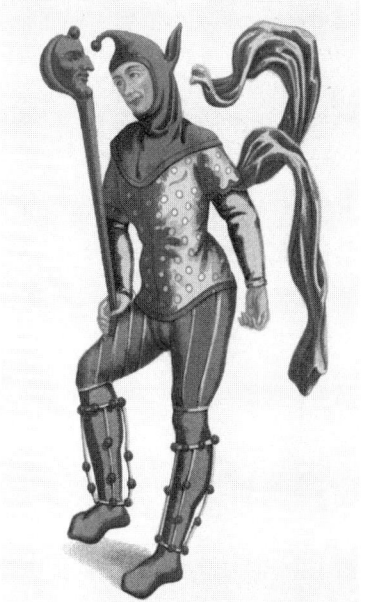

Der Narr in einer Darstellung aus dem 15. Jahrhundert, mit typischer farbiger Kleidung, Schellen und einer Keule, die sich später zum Narrenspiegel entwickelte.

dem jungen Paar gratulierte. Dann konnte ihm jeder Gast ein Thema zurufen, auf das er dann dank seiner Improvisationskunst einging. Mit Vorliebe erging sich der Spruchsprecher satirisch über das eine oder andere Mitglied der Festgesellschaft – wir dürfen vermuten, dass manche Schwiegermutter hier Zielscheibe des wohlfeilen Spotts wurde. Vielleicht verschwand der Spruchsprecher ja auch deshalb wieder aus unserer Geschichte ...

Besondere Karriere machte der Spaßmacher bekanntlich an den Höfen der Mächtigen: Der Hofnarr ist eine der bekanntesten historischen Figuren aus der Gilde der Komiker. Er durfte den König mit seiner Erlaubnis kritisieren, er konnte ihm zuweilen sogar die Nichtigkeit seiner eigenen Person vor Augen führen – für alle anderen Untertanen hätte das ohne Frage unangenehme Folgen haben können. Oft wurden Menschen mit körperlichen Gebrechen zu Narren erkoren, etwa der legendäre Joseph Fröhlich (1694–1757): Wegen seines verwachsenen Körpers konnte der gelernte Müller die schweren Getreidesäcke nicht mehr tragen und verdingte sich deshalb einige Zeit als Spaßmacher auf Jahrmärkten. Sein komisches Talent wurde erkannt, und erst diente er als Narr des Bischofs von Bamberg, ehe er Hofnarr des legendären sächsischen Kurfürsten August des Starken wurde. Den durfte der kecke Hofnarr duzen, sich seine Späße erlauben – und wurde von seinem Herrn dafür auch noch zu einem wohlhabenden Mann gemacht.

> *»Den Narren zu spielen, und das geschickt, erfordert ein'gen Witz: Die Launen derer, über die er scherzt, die Zeiten und Personen muss er kennen und wie der Falk auf jede Feder schießen, die ihm vors Auge kommt.«*
>
> (Shakespeare)

Das Gemälde zeigt den spanischen König Philipp IV. – mit einem jener kleinwüchsigen Hofnarren, mit dem sich Herrscher gerne schmückten.

Doch lustig ging es nicht nur an den Höfen der weltlichen Herrscher zu. Wie bereits erwähnt, hatten auch die Kleriker zu allen Zeiten ihren Spaß mit dem Humor. Zum Glück wissen wir nicht, über was so alles hinter Kloster- und Kirchenmauern gelacht wurde (und das durfte wohl auch damals nicht unbedingt jeder erfahren). Aber einmal im Jahr zeigten die Spaßvögel Gottes ganz öffentlich ihr Können. Ausgerechnet zu Ostern, zum höchsten christlichen Fest, sorgten Gottesmänner in den Kirchen immer wieder für ordentliche Belustigung ...

Womit erheiterten im 16. Jahrhundert viele Pfarrer ihre Gemeinden?

a) Sie brachten einen lebenden Osterhasen mit in die Kirche.

b) Sie verkleideten sich während der Messe als Teufel.

c) Sie provozierten mit lustigen Predigten das Ostergelächter.

Das mit dem Osterhasen ist leider falsch – denn der wird in Deutschland erst sehr viel später bekannt. Noch zu Beginn des 19. Jahrhunderts wussten in vielen Gebieten des Landes die Menschen noch nichts von seiner Existenz (übrigens im Gegensatz zu dem damals schon längst zweifelsfrei existierenden Christkind oder dem Nikolaus). Nichts bekannt ist auch darüber, dass sich Pfarrer als Teufel verkleideten – wenn es einzelne (aus welchem Grund auch immer) wirklich gemacht haben sollten, wäre das sicherlich ein Fall für ein ernstes theologisches Gespräch mit dem Vorgesetzten gewesen!

Tatsächlich war in Deutschland bis ins 17. Jahrhundert hinein das sogenannte »Ostergelächter« bekannt. Dafür bauten die Pfarrer in ihre Predigt einige Scherze oder mehr oder weniger gelungene Witze ein, um damit ihre Schäfchen zum Lachen zu reizen. Sie erzählten regelrechte »Ostermärchen«, auch »Ostermärlein« genannt. Das Lachen tat nach der langen Fastenzeit natürlich gut – und war angesichts der frohen Botschaft von der Auferstehung des Herrn auch durchaus erwünscht: Wer sich so freute, schien ja auch empfänglicher für die Botschaft vom Sieg des Lebens über den Tod.

Einige Prediger überspannten dabei den Bogen allerdings wohl ein wenig. Bald gab es Kritik an einigen zu derben und wohl auch anzüglichen Späßen, die man in der Kirche dann doch nicht hören wollte. Ärger gab es wohl auch, weil der eine oder andere Gottesmann die Gelegenheit nutzte, auf diesem Wege humorvoll, aber für alle verständlich über die Kirche als solche zu lästern ...

> *»Geliebten Freund im Herren /*
> *Etwan pflegt man umb diese zeit Ostermehrlein und*
> *nerrische gedicht zu Predigen /*
> *Damit man die leut /*
> *So in der Fasten durch jhre busse betrübet /*
> *Unnd in der Marterwochen mit dem Herren Christo*
> *mitleyden getragen /*
> *Durch solch ungereumpte und lose geschwetz erffre-*
> *wet unnd wider tröstet.«*
>
> (der Lutherbiograph Johannes Mathesius im 16. Jahrhundert)

> *»In Rörmoß, wie mir vor wenig Tagen berichtet wor-*
> *den ist, hat der Pfarrer am heiligen Ostertag in der*
> *Kirche einen Bauernknecht aufgestellt und denselben*
> *dahingehend instruiert, dass dieser Bauernknecht,*
> *wann immer der Pfarrer die Stufen des Predigtstuhls*
> *betritt, wie ein Gockelhahn zu krähen habe.«*
>
> (Bericht eines bayerischen Landrichters aus dem Jahr 1643)

> *»Selig, die ihr jetzt weint! Ihr werdet lachen.«*
>
> (Jesus an die Jünger über das Himmelreich, Lukas 6,21)

Auch das sogenannte Osterspiel, in dem die Auferstehung Jesu von den Gemeindemitgliedern als geistliches Drama dargestellt wurde, zog reichlich Spott auf sich. Besonders üppig findet sich dieser in einer Geschichte von Till Eulenspiegel. Dieser wohl berühmteste Schelm des Mittelalters ist als literarische Figur dafür bekannt, dass er seinen Zeitgenossen oft ziemlich derbe Streiche spielte. So trug es sich auch in einer der überlieferten Geschichten zu, in der sich Till Eulenspiegel einmal als Küster in einer Kirchengemeinde eingenistet haben soll. Zu Ostern war er deshalb mit der Inszenierung eines erbaulichen Osterspiels betraut, doch sein grober Scherz mit der Haushälterin des Pfarrers endete schließlich in einer Massenprügelei der versammelten Gemeinde ...

»Als Ostern nahte, sagte der Pfarrer zu seinem Küster Eulenspiegel: ›Es ist hier Sitte, dass die Bauern jeweils in der Osternacht ein Osterspiel aufführen, wie unser Herr aus dem Grabe aufersteht.‹ [...] Da suchte Eulenspiegel zwei Bauern und nahm sie mit sich; er und sie wollten die drei Marien sein. Und Eulenspiegel lehrte den einen Bauern seine Verse auf Lateinisch. Der Pfarrer war unser Herrgott und sollte aus dem Grabe auferstehen. Als Eulenspiegel mit seinen zwei Bauern vor das Grab kam – sie waren als Marien angezogen –, sprach die Haushälterin als Engel im Grab ihren Spruch auf Lateinisch: ›Quem quaeritis? Wen suchet Ihr hier?‹ Da sprach der eine Bauer, wie ihn Eulenspiegel gelehrt hatte: ›Wir suchen eine alte, einäugige Pfaffenhure.‹ Als die Magd hörte, dass sie ihres einen Auges wegen verspottet wurde, ward sie giftig und zornig auf Eulenspiegel, sprang aus dem Grab und wollte ihm mit den Fäusten ins Gesicht hauen. Sie schlug aufs Geratewohl zu und traf den einen Bauern, sodass ihm ein Auge anschwoll. Als das der andere Bauer sah, schlug auch er mit der Faust

*drein und traf die Haushälterin an den Kopf, dass ihr
die Flügel abfielen. Da das der Pfarrer sah, ließ er die
Fahne fallen und kam seiner Magd zu Hilfe.«*

(aus den Geschichten von Till Eulenspiegel)

Das Ende eines Osterspiels: Nach dem bösen Spott mit der Haushälterin des Pfarrers
entsteht eine wüste Prügelei, derweil Till längst klug das Weite gesucht hat ...

Die Figur des Till Eulenspiegel war angesichts dieses recht eigentümlichen Humors selbstverständlich nicht bei allen Zeitgenossen beliebt – wir können davon ausgehen, dass Pfarrer über diese Geschichte nur begrenzt lachen konnten. Aber zweifellos hat die Nachwelt an dem Schelm einen Narren gefressen. Bis heute sind seine Geschichten bekannt und beliebt, vor seinem mutmaßlichen Geburtshaus in Kneitlingen im Landkreis Wolfenbüttel erinnert ein Denkmal an den bekanntesten Sohn der Gemeinde.

Doch es gab da noch eine andere Ehrung ...

Welche Ehre wurde Till Eulenspiegel zuteil?

a) Martin Luther schenkte ihm ein Exemplar seiner Bibelübersetzung.

b) Richard Strauß widmete ihm eine Sinfonie.

c) Die Bundesbahn benannte einen ICE nach ihm.

Martin Luther hätte vielleicht seinen Spaß an den Eulenspiegeleien gehabt – aber der Reformator wurde ja erst 1483 geboren. Und so lebte er lange nach jenem Till Eulenspiegel, von dem man annimmt, dass er in der ersten Hälfte des 14. Jahrhunderts sein humoristisches Unwesen getrieben hat. Wenngleich historisch verlässliche Nachweise fehlen, geht man davon aus, dass der berühmte Schelm um das Jahr 1350 gestorben war. Und was die Deutsche Bahn angeht, so hat sie (bislang) noch keinen ICE nach ihm benannt – dabei wäre es ein schönes Gedankenspiel, was einem Till Eulenspiegel in unserer heutigen Zeit so alles einfallen würde, wenn er einmal das besondere Erlebnis eines überfüllten Zuges am Wochenende machen dürfte ...

Tatsächlich schrieb Richard Strauß 1895 die sinfonische Dichtung »Till Eulenspiegels lustige Streiche«. Uraufgeführt wurde das Werk im selben Jahr in Köln. Von manchen Musikfreunden wird es als geradezu geniales Orchesterstück gelobt, in dem der Zuhörer durch die verschiedenen Abenteuer Till Eulenspiegels geführt wird. Zwischendurch ist das Ganze recht heiter und fröhlich, doch alles endet schließlich – nicht nur musikalisch –

Ein Meister seines Faches: Till Eulenspiegel bei einem seiner zahlreichen Streiche – zumeist auf Kosten anderer

tragisch, weil der komische Held schließlich von ganz und gar humorlosen Mitmenschen verurteilt und gehängt wird.

Bei Eulenspiegels Streichen kennen wir den Urheber, doch bei den allermeisten Witzen, die einst in Umlauf kamen, bleiben deren Erfinder wohl für immer unbekannt. Bei vielen Witzen ist das wohl auch besser so. Doch wenn es um ein ganzes Genre geht, darf man ja schon ein wenig neugieriger werden. Und tatsächlich gibt es seltene Fälle, in denen wir die Entstehung einer solchen Witzgattung wirklich konkret zurückverfolgen können. Dies ist der Fall bei den sogenannten »Ostfriesenwitzen« ...

Wo wurden Ende der 60er Jahre die Ost-friesenwitze erfunden?

a) in einer ostfriesischen Werbeagentur

b) an einem oldenburgischen Gymnasium

c) an der Hamburger Universität

Langfristig mögen die Ostfriesenwitze ja Werbung für die herbe Küstenlandschaft zwischen Ems und Weser gewesen sein, aber ganz sicher hat dabei keine Werbeagentur in Emden, Aurich oder anderswo die Finger im Spiel gehabt – und das gilt auch für die Universität Hamburg. Vielmehr geht der Spott über die Ostfriesen auf einen Schülerstreich zurück: Im Gymnasium Westerstede im Oldenburger Land machten sich die Pennäler seinerzeit über ihre Mitschüler aus dem benachbarten Ostfriesland lustig – und lösten damit unversehens die erste große landesweite Witzewelle in der Bundesrepublik aus.

Am Anfang standen die Neckereien in der Schülerzeitung: Hier wurde über den angeblichen »Homo ostfrisiensis« gelästert, über dessen vermeintliche Begriffsstutzigkeit und Dummheit. Was zuerst den Schülern Spaß machte, erfasste bald das Städtchen Westerstede, ehe sich Studenten der nahen Universität Oldenburg der Sache annahmen und dem ganzen Spott zusätzlichen Schwung verliehen. Und damit waren die Ostfriesenwitze endgültig in der Welt ...

> *»Warum essen die Ostfriesen keine eingelegten Gurken? –*
> *Weil sie mit dem Kopf nicht in das Glas reinkommen!«*

Ob die Witze nun den Ostfriesen geschadet haben oder vielleicht sogar genutzt (schließlich braucht jeder touristisch attraktive Landstrich reichlich Publicity), mag dahingestellt sein. Aber einem der Erfinder des Ostfriesenwitzes hat das Ganze nicht geschadet: Als maßgeblicher Redakteur der Schülerzeitung in Westerstede bewies er nicht nur Sinn für Humor, sondern zeigte sich gegenüber möglichen Verärgerungen des Nachbarstammes ziemlich furchtlos. Und heute ist er Professor für Psychiatrie und Psychotherapie – spezialisiert auf Ängste und Angststörungen ...

Ob man beim Erzählen eines Witzes Angst haben sollte, hängt natürlich stets von der konkreten Situation ab: Einen Ostfriesenwitz mitten in der schönen Innenstadt von Emden zu erzählen, ist natürlich ein Vorhaben für Menschen, die anschließend gerne temperamentvoll mit Einheimischen diskutieren wollen. Richtig gefährlich wurde es in der Geschichte hingegen immer dann, wenn die politischen Machthaber nicht nur über wenig Humor verfügten, sondern gleichzeitig autoritär regierten. Das galt also für die Majestätsbeleidigung vergangener König- und Kaiserreiche, aber auch für die Unrechtsregime des 20. Jahrhunderts wie der Gegenwart. Dabei zeigt sich im Rückblick, dass die Deutschen – die ja nicht gerade als Weltmeister in Sachen Humor gelten – gerade in solchen Zeiten durchaus ordentliche Witze zustande brachten. Da man sie nicht öffentlich erzählen durfte, wurden sie als sogenannte »Flüsterwitze« weitererzählt.

In der Nazizeit gab es viele solcher Witze. Die Forschung hat längst herausgearbeitet, dass auch damals in der Kneipe, auf der Straße und natürlich auch zu Hause über die Machthaber gelästert und gelacht wurde – über den dicken Göring oder den Vegetarier Hitler etwa. Wirklich politisch waren diese Flüsterwitze in ihrer großen Mehrheit allerdings nicht, und nur selten griffen sie eigenes Versagen auf, etwa hinsichtlich einer anfänglichen, oft begeisterten Zustimmung für die Nazis.

»Ein Mann meldet sich am Telefon: ›Guten Tag, spreche ich mit Herrn Meyer?‹ –
›Nein, hier ist Schmidt, Sie sprechen mit Herrn Schmidt.‹ –
›Oh, das tut mir leid, da habe ich mich verwählt.‹ –
Darauf Herr Schmidt verständnisvoll: ›Aber ich bitte Sie, das haben wir ja schließlich wohl alle [...]‹«
(einer der sogenannten »Flüsterwitze« im »Dritten Reich«)

Einen besonderen Schatz an politischen Witzen hat uns übrigens die DDR hinterlassen. In ihnen machten sich die Ostdeutschen vor allem Luft über die Lebensbedingungen und ihre alltäglichen Herausforderungen – gerne etwa über neue Engpässe bei der Versorgung mit Gütern aller Art. Aber auch über die SED und selbst die Staatssicherheit wurde in Flüsterwitzen gelacht. Dabei war höchste Vorsicht geboten: Stasimitarbeiter erzählten auch gerne selber mal einen solchen Witz, um ihr Gegenüber zu verführen, selbst einen preiszugeben.

»Treffen sich zwei Stecknadeln. Sagt die eine: ›Kennst du schon den neuesten politischen Witz?‹ ›Pst‹, warnt die andere, ›dahinten steht eine Sicherheitsnadel.‹«
(Witz aus DDR-Zeiten)

Wie gesagt: Geschichte ist bestimmt nicht immer lustig. Aber wer bei den Witzen vergangener Zeiten richtig zuhört, kann eine Menge über das wirkliche Leben erfahren ...

Tipps zum Weiterlesen:

Karl-Wilhelm Weeber: Humor in der Antike, Ditzingen 2006. Ein lehrreiches wie köstliches Bändchen.

Jan Bremmer/Herman Roodenburg (Hg.): Kulturgeschichte des Humors. Von der Antike bis heute, Darmstadt 1999. Eine gelungene wissenschaftliche Aufsatzsammlung.

Napoleon

Kleiner Mann ganz groß?

Wenn einem zu Karneval einmal nichts einfällt, kann man sich immer noch ohne viel Aufwand als Napoleon verkleiden: Man setzt sich einfach ein Sofakissen auf den Kopf, steckt gebieterisch die Hand in die Jacke und geht in die Knie – fertig ist der kleine Imperator. Napoleon? Kennt doch jeder. Soweit wir wissen, ist er in Frankreich irgendwie an die Macht gekommen, hat Europa mit seinen Kriegszügen überzogen, ist damit in Russland ziemlich gescheitert und irgendwann bei Waterloo vernichtend geschlagen worden.

Aber damit werden wir dem Mann nicht gerecht. Denn gerade die Deutschen und ihre Geschichte sind von ihm massiv geprägt worden; es gibt wenige ausländische Staatenlenker, die für unser Schicksal eine solche Bedeutung gehabt haben. Zunächst gab es breite Bewunderung, ja Verehrung für den fremden Herrscher, der mit neuen Gesetzen und neuen Ideen eine bessere Zeit anzukündigen schien. Erst mit den Jahren wuchs Kritik: Deutsche Länder trugen schwer unter der Last der französischen Besatzung, Napoleons Kriege forderten auch hier hohe Tribute. Schließlich wollte man die Last abschütteln – und deutsche Pa-

Ein Bild von einem Herrscher: Napoleon Bonaparte – mit Hand in der Weste

trioten propagierten mit heißem Herzen den Befreiungskrieg. So gesehen, half der gemeinsame Kampf gegen Napoleon den Deutschen auf dem Weg zu einer geeinten Nation.

Aber wie das so ist mit den großen Gestalten der Weltgeschichte, so kursieren natürlich auch über Napoleon bis heute die eigentümlichsten Gerüchte ...

Welche Aussage über Napoleon ist ein Gerücht?

a) Er war wesentlich kleiner als seine Zeitgenossen.

b) Er krönte sich selbst zum Kaiser.

c) Er war schon mit 16 Jahren Offizier.

Es ist kein Gerücht, dass der junge Napoleon Bonaparte schon früh ein leidenschaftliches Interesse und ein herausragendes Talent für das Militärische zeigte: Mit neun Jahren kam er zur Ausbildung in eine Militäranstalt. Aufgrund seiner Leistungen wurde er an die renommierteste Militärschule des Landes nach Paris weiterempfohlen – und nach nur einem Jahr legte er dort das Examen ab und trug die Uniform eines Offiziers der königlichen Armee. Wahr ist auch, dass sich Napoleon selbst zum Kaiser krönte: 1804 setzte er sich in Anwesenheit des Papstes in der Kathedrale von Notre-Dame selbst den Lorbeerkranz aufs Haupt ...

Ein Gerücht ist allerdings die Aussage, wonach Napoleon wesentlich kleiner gewesen sein soll als seine Zeitgenossen. Nun gut, der Imperator brachte es wohl nur auf 1,68 Meter Körpergröße. Für heutige Verhältnisse erscheint uns das ziemlich klein, aber für damalige Zeiten galt das keineswegs: Der Durchschnittsfranzose dürfte zu Zeiten Napoleons auch nicht größer gewesen sein. Auch wenn im Nachhinein genaue Zahlen nur schwer zu ermitteln sind, so weiß man aber beispielsweise, dass einige Jahre vor Napoleons Geburt die französischen Soldaten (die hatte man tatsächlich vermessen) im Schnitt sogar nur 1,67 Meter groß waren. Natürlich gab es dabei Schwankungen: Wer reicher war und sich gesund ernährt hatte, konnte tatsächlich größer werden als seine ärmeren Zeitgenossen.

Wenn Napoleon hinsichtlich seiner Durchschnittsgröße auch als mehr oder weniger normaler Franzose erscheint, so war er es in anderer Hinsicht keineswegs. Seine Wiege stand nämlich an einem Ort, der noch gar nicht so recht französisch war: Geboren wurde Napoleon Bonaparte am 15. August 1769 in Ajaccio, der größten Stadt auf Korsika. Und genau in diesem Jahr verloren die Korsen ihre letzte große Schlacht um ihre Unabhängigkeit. Die Franzosen hatten die Insel von Genua gekauft und schlugen jetzt den Aufstand der Korsen militärisch nieder. Napoleons Vater hatte übrigens zunächst auf der Seite der Aufständischen gestanden, doch nach der Niederlage diente er sich geschickt den neuen Herren aus Frankreich an.

> *»Ich war ein eigensinniges Kind. Nichts imponierte*
> *mir, nichts brachte mich aus der Fassung. Ich war*
> *zänkisch und kampfeslustig: Ich fürchtete niemand.*
> *Den einen schlug ich, den anderen kratzte ich, und*
> *alle fürchteten mich. Mein Bruder Joseph hatte am*
> *meisten darunter zu leiden.«*
> (Napoleon über seine Kindheit)

Der kleine Napoleon war seinen Eltern wohl ein schwieriges Kind, er war gleichermaßen stolz wie lebhaft, ein Einzelgänger, der zu Zornesausbrüchen neigte. Er selbst sprach rückblickend von einer schwierigen Jugend, vor allem wegen des frühen Tods des Vaters. Der bedeutete für den damals 15-Jährigen nämlich, dass er sich nun Gedanken über den Unterhalt der Familie machen musste. Obwohl eigentlich »nur« der Zweitgeborene, über-

Napoleon wirft seinen Schatten voraus: der junge Militärschüler vor der Karte des späer von ihm niedergerungenen Europa.

nahm der junge Offiziersanwärter energisch die Rolle des Ernährers und Clanchefs. Von seinem schmalen Sold sparte er sich so viel als irgend möglich ab, um seine Familie daheim zu unterstützen.

*»Alle familiären Sorgen haben mir meine Jugend-
jahre verdorben; sie haben sich auf meine Stimmung ausgewirkt und mich vor der Zeit ernst werden
lassen.«*

(Napoleon über seine Jugend)

Doch der stolze Jüngling machte rasch Karriere. In kürzester
Zeit stieg er vom Offizier zum General auf. Und 1795 – da war
er gerade einmal 26 Jahre alt – erhielt Bonaparte bereits den
wichtigsten militärischen Posten, den die damalige französische
Regierung zu vergeben hatte: das Oberkommando der in Paris
stationierten Truppen und Polizeieinheiten.

Napoleon war mit zwei Eigenschaften »gesegnet«: Er besaß
einerseits einen ausgeprägten Machthunger, andererseits war er
als ausgesprochener politischer Opportunist in der Lage, sich
prinzipienlos und geschmeidig auf jede neue Situation gewinn-
bringend einzustellen. So bewegte er sich durch die schwer ein-
zuschätzende politische Gemengelage in den Jahren nach der
Französischen Revolution – in der es höchst gefährlich war, zur
falschen Zeit die falschen Freunde zu haben. Napoleon machte
alles richtig, suchte immer wieder neue Verbündete und ließ sie
bei Bedarf wieder fallen.

Sogar persönliche Niederlagen konnte der wendige Napoleon
verschmerzen – um dann auf der Karriereleiter wieder eine
Sprosse höher zu klettern. Dabei half ihm sicherlich, dass ein
Mann mit außerordentlichen militärischen Fähigkeiten zu dieser Zeit besonders begehrt war. Wer die Macht hatte, durfte
auf ein solches Talent nicht verzichten. Und so gelangte Napoleon schließlich ganz nach oben: 1799 agierte er als sogenannter
»Erster Konsul« in Paris, nur fünf Jahre später war er Kaiser der
Franzosen.

In jeder Hinsicht erfolgreich war und blieb Napoleon in militärischen Angelegenheiten. Hier verfügte er über ein akribisches
Detailwissen – so kannte er sich mit der Herstellung von Pulver
ebenso aus wie mit dem Guss von Kanonen oder der Kon-

struktion von Munitionswagen. Und sein Erfolg gab ihm ja auch recht. Zwischen 1796 und 1815 lenkte Napoleon über 60 Schlachten, von denen er bis 1807 alle für sich entschied.

Für den Rest Europas bedeuteten der politische Ehrgeiz und die militärischen Fähigkeiten Napoleons natürlich nichts Gutes. In den zahlreichen besetzten Gebieten Europas litten die Menschen unter den Eroberungsfeldzügen und anschließend unter den enormen finanziellen Abgaben, die ihnen der fremde Kaiser abverlangte. So wuchs auch in den deutschen Ländern der Hass auf Napoleon und alles Französische. Dazu trug nicht zuletzt die Tatsache bei, dass der französische Herrscher auch im Ausland an seine liebe Verwandtschaft dachte und beispielsweise seine Brüder in wichtige Ämter hievte. Etwa Jérôme ...

Welchen Posten verschaffte Napoleon 1807 seinem kleinen Bruder Jérôme?

a) Er ernannte ihn zum Karnevalsprinzen von Köln.

b) Er machte ihn zum König von Westfalen.

c) Er erklärte ihn zum Kaiser von Deutschland.

Kaiser von Deutschland wurde der kleine Bruder nicht, und auch zum Karnevalsprinzen wurde er nicht ernannt. Letzteres wäre allerdings irgendwie passend gewesen, denn tatsächlich führte sich Jérôme in seiner Funktion als König von Westfalen wie eine Art Prinz Karneval auf, sehr zum Leidwesen des großen Bruders. Denn in dieses völlig neu geschaffene Amt (es gab vor und nach Napoleon nie wieder ein solches »Königreich«) bugsierte er den jüngsten Spross seiner Geschwisterschar. Mit schlimmen Folgen: Jérôme verprasste das Geld für wenig staatsmännische Angelegenheiten wie Feuerwerke und Maskenbälle, steckte es in Parks oder Paläste – oder stattete damit gleich seine Mätressen aus. Napoleon zeigte sich selbstverständlich verschnupft über dieses Treiben – in einem Brief fragte er verärgert: »Haben Sie denn keinen Freund in Ihrer nächsten Umgebung, der Ihnen einmal einige Wahrheiten sagt?« – aber mehr als böse Briefe hatte Jérôme dann doch nicht zu befürchten.

> *»Ihr Königreich ist ohne Verwaltung, ohne Finanzen und ohne alle Organisation. Monarchien gründet man nicht auf einen ausufernden Luxus ... Nehmen Sie endlich ein Betragen und Gewohnheiten an, die jenen entsprechen, die Sie in dem Land, das Sie regieren, antreffen.«*
> (Napoleon an seinen Bruder Jérôme, 1809)

Die missglückte Herrschaft seines Bruders dürfte Napoleon geschmerzt haben, schließlich hatte er mit Westfalen einiges vor: Das Königreich Westfalen (übrigens mit der Hauptstadt Kassel) sollte ein Musterstaat werden, Wegweiser für eine bessere Zeit. Hier sollte die vorbildliche Gesetzgebung des Code Napoléon greifen, der die Bauern von Leibeigenschaft und unwürdiger Bevormundung befreite und die Juden endlich zu gleichberechtigten Staatsbürgern machte.

> *»Ihr Königreich wird sich durch die Wohltaten des Code Napoléon, durch das öffentliche Gerichtsverfahren und die Einführung des Geschworenengerichts auszeichnen. Und wenn ich ganz offen sein soll, so rechne ich in Bezug auf die Ausdehnung und Befestigung Ihres Reiches mehr auf deren Wirkung als auf das Ergebnis der glänzendsten Siege.«*
> (Napoleon in seinem Brief an Jérôme am 15. November 1807)

Glückloser Herrscher: Jérôme als König von Westfalen, im Hintergrund ist die Wilhelms-höhe von Kassel zu erkennen.

»Indem ich den Thron besteige, verpflichte ich mich, Euch glücklich zu machen, und ich werde treu diesem Gelübde sein.«

(Jérôme in einer Proklamation an seine neuen Untertanen einen Monat später)

Das Experiment mit dem Musterstaat scheiterte schließlich. Daran war übrigens nicht nur Jérôme mit seinem aufwendigen Lebensstil schuld, sondern auch sein Bruder, der zur Finanzierung seiner Feldzüge immer wieder hohe Tributleistungen einforderte. Das Königreich Westfalen wurde rücksichtslos ausgebeutet – man kann sich denken, dass nicht Liebe zu dem fremden Herrscher, sondern zunehmende Verärgerung und Hass die öffentliche Meinung bestimmte.

Doch obwohl die Deutschen Napoleon als Besatzer ablehnten und bekämpften, empfanden sie zunächst oft genug Bewunderung und Verehrung. Er brachte schließlich Neuigkeiten ins Land, die den Menschen ganz neue Möglichkeiten erschlossen ...

An welcher Neuerung in Deutschland war Napoleon beteiligt?

a) an der Einführung der Zivilehe

b) an der Entwicklung des Morsealphabets

c) an der Entdeckung des Tuberkulose-erregers

Das Morsealphabet kam zu einer Zeit auf den Markt, als Napoleon schon nicht mehr im Amt war: 1838 konnte sich der Amerikaner Samuel Morse den ersten brauchbaren elektromagnetischen Schreibtelegraphen patentieren lassen, der als Morseapparat bekannt wurde und schließlich auf der ganzen Welt Verbreitung fand (und tatsächlich wird dieses Alphabet heute immer noch genutzt). Keinen Anteil hatte Napoleon zudem an der Entdeckung des Tuberkulosebakteriums – dieser Schritt gelang dem deutschen Arzt Robert Koch erst 1882, viele Jahrzehnte nach Napoleons Tod.

Tatsächlich brachte Napoleon die sogenannte Zivilehe nach Deutschland – und zwar mit dem erwähnten Code Napoléon, wie das neue französische Zivilrecht (Code Civil) zwischenzeitlich genannt wurde. Dieses 1804 veröffentlichte Gesetzbuch beinhaltete viele zentrale Gedanken der Französischen Revolution wie die Gleichheit aller Menschen vor dem Gesetz oder die Trennung von Kirche und Staat. Und so wurde eben auch die Heirat vor einem Standesbeamten möglich, und damit eine gültige Eheschließung auch ohne die Mitwirkung eines Pfarrers.

Eine Ziviltrauung in Frankreich 1792 – jetzt vor dem Bürgermeister

Schließlich blühte in Deutschland im 19. Jahrhundert der Streit zwischen den Konfessionen – nirgendwo sonst konnten sich Katholiken- und Protestantenfresser in ihrer gegenseitigen Polemik so gut ausleben. Und das auch auf Kosten junger Paare, die leider – was das Bekenntnis anging – nicht zueinander passten. Was für eine Befreiung war da der Gang zum Standesbeamten, dem die Religion der beiden schlicht egal war. Nach dem Abzug der napoleonischen Truppen wurde das Verfahren zwar weitgehend wieder abgeschafft, doch die Idee war in der Welt und wurde einige Jahrzehnte später dann in ganz Deutschland eingeführt. Heute ist es längst normal, dass man zwecks Heirat zum Standesbeamten gehen muss – zum Pfarrer kann man ...

Apropos Ehe: Napoleon selbst war zweimal verheiratet – von der ersten Frau ließ er sich scheiden, weil sie ihm nicht wunschgemäß den ersehnten Thronfolger gebar. Damit unterschied sich der Franzose nicht weiter von anderen europäischen »Kollegen« – auch heute soll es ja noch Herrscher geben, die einen solchen Weg einschlagen ...

Insgesamt galt der Kaiser als wenig charmant zu den Damen. Für sie hatte er nämlich in erster Linie Verachtung parat. Wenn er wieder einmal – was zum Leidwesen seines Hofes leider ziemlich häufig vorkam – besonders übellaunig war, zeigte er sich gerade den Damen gegenüber besonders taktlos und trieb böse Scherze mit ihnen. Und weil Napoleon eben ein grober Klotz war, versuchten alle, die es einrichten konnten, einen Bogen um ihn zu machen. Das galt für Frauen wie Männer gleichermaßen. Napoleon war ein nervöser, reizbarer und unbeherrschter Mann, der kaum lachte. Wenn man es freundlich formulieren will, dann würde man im Nachhinein wohl sagen, dass der Mann aus der Provinz sein ungeschliffenes Benehmen nie so richtig abgelegt hat ...

> »Sie sind nur Scheiße in einem Seidenstrumpf!«
> (Napoleon 1809 zu seinem einstigen Außenminister Talleyrand)

> »Wie schade, dass ein so großer Mann so schlecht erzogen ist.«
> (dazu der Kommentar von Talleyrand)

Doch schlechtes Benehmen schützt ja bekanntlich keineswegs vor Erfolg. Und der hielt für den machthungrigen Napoleon lange Zeit an. Erst sein Feldzug gegen den russischen Zaren läutete sein Ende ein: Mit einer riesigen Streitmacht von über 600.000 Mann war er 1812 nach Russland aufgebrochen – vielleicht 20.000 geschlagene Soldaten sollten zurückkehren. Was folgte, war der zunehmende Widerstand der europäischen Länder, die bekannte »Völkerschlacht« bei Leipzig und schließlich der Einmarsch alliierter Truppen in Paris.

Napoleon musste abdanken und das Schicksal annehmen, das sich die siegreichen Mächte für ihn ausgedacht hatten: Als Gegenleistung für seine Abdankung vermachten sie ihm die zwischen Korsika und dem italienischen Festland gelegene Insel Elba – und immerhin hatte er die volle Souveränität über das Fleckchen mit seinen knapp 13.000 Einwohnern.

>*Noch drei Jahre, und ich bin Herr des Universums.*«
(Napoleon 1811 – drei Jahre vor seiner Verbannung nach Elba)

Napoleon machte es sich auf seiner kleinen Insel zunächst gemütlich. Er inspizierte sein neues Reich, stellte Überlegungen für eine Verbesserung der Straßen an und begann nach einiger Zeit schließlich damit, in kleinerem Stil Paraden abzunehmen. Es kamen sogar englische Touristen auf die Insel, und der einstige Beherrscher Europas sprach leutselig und bereitwillig mit vielen der Besucher. Wir dürfen allerdings vermuten, dass Napoleon kein wirkliches Interesse an ihnen hatte. Der Grund für seine Offenheit dürfte vielmehr Langeweile gewesen sein. Denn die stellte sich dann doch allmählich ein – und gepaart mit seiner Gier, wieder ins große politische Geschäft einzusteigen, ergriff er schon nach knapp zehn Monaten die Chance zur spektakulären Rückkehr. In Frankreich war die Unzufriedenheit mit dem neuen König dramatisch gewachsen, und Napoleon glaubte sich der Unterstützung des Volkes sicher. Am Abend des 26. Februar 1815 schiffte er sich mit seinen verbliebenen rund tausend getreuen Kämpfern ein und landete auf dem Festland. Tatsächlich bereiteten ihm die Menschen einen triumphalen Empfang – und Napoleon zog bald darauf erneut als Herrscher in Paris ein.

Der Rest Europas hingegen, der gerade noch geglaubt hatte, den ungeliebten Unruhestifter sicher verbannt zu haben, reagierte entsetzt. Die beim Wiener Kongress versammelten Staatsführer und Diplomaten mussten rasch handeln: Napoleon, das Schreckgespenst, war wieder da!

> »Zwischen Tanz, Liebschaften, Intrigen und Streit des Wiener Kongresses fährt als schmetternde Kanonenkugel sausend die Nachricht, Napoleon, der gefesselte Löwe, sei ausgebrochen aus seinem Käfig in Elba ... Wie von einer Kralle gepackt, fahren die eben noch quengelnden und streitenden Minister zusammen, ein englisches, ein preußisches, ein österreichisches, ein russisches Heer wird eilig aufgeboten, noch einmal und nun endgültig den Usurpator der Macht niederzuschmettern.«
>
> (der Schriftsteller Stefan Zweig in seinen »Sternstunden der Menschheit«)

Das Schlachtfeld von Waterloo heute: Als zentrales Denkmal wurde ein 40 Meter hoher Hügel aufgeschüttet, auf dem ein nach Frankreich zugewendeter Löwe thront.

England, Russland, Österreich und Preußen wollten Napoleon endgültig besiegen. Sie stellten ihre Armeen auf, und schon bald kam es zu Gefechten mit französischen Truppen. Nach einem ersten Sieg schien das Schlachtenglück auf Seiten der Franzosen zu sein, doch dann stellten sie sich bei dem Dorf Waterloo südlich von Brüssel erneut dem Kampf, diesmal einer großen Streitmacht unter Führung des Herzogs von Wellington.

Bei der Schlacht stand es zunächst nicht schlecht für Napoleon. Das wusste auch Wellington, der deshalb einen weltberühmten Satz von sich gegeben haben soll ...

Was soll General Wellington in der Schlacht von Waterloo ausgerufen haben?

a) »Ich wollte, es wäre Nacht oder die Preußen kämen.«

b) »Ich habe einen Traum!«

c) »Ich kam, sah und siegte!«

Der da angeblich kam, sah und siegte, war Julius Cäsar – denn ihm wird dieses Zitat nachgesagt. Und einen Traum hatte einst Martin Luther King, einen Traum von Gerechtigkeit und Freiheit für die farbigen Menschen in den USA. General Wellington hingegen soll sich die Nacht – in der damals keine regulären Kampfhandlungen möglich waren – oder die Preußen herbeigewünscht haben. Denn Wellington hätte den französischen Angriffen nicht mehr lange standhalten können. Doch glücklicherweise erschien der von Napoleon nicht mehr erwartete preußische General Blücher mit seiner Armee auf dem Schlachtfeld (das übrigens nach ständigen Regenfällen einer regelrechten Schlammlandschaft ähnelte) und entschied das Gemetzel endgültig. Die Franzosen waren besiegt, Napoleon am Ende.

Und diesmal wollten die anderen europäischen Mächte auf Nummer sicher gehen. Jetzt verbannten sie Napoleon nach Sankt Helena, einer Insel im fernen südlichen Atlantik. Einst von den Portugiesen am 21. Mai 1502 entdeckt (dem Tag der heiligen Helena, nach der das Eiland von den frommen Seefahrern dann auch gleich benannt wurde), war sie nun im Besitz der Britischen Ostindien-Kompanie. Die Zeitgenossen schätzten das ozeanisch-milde Klima, einigen galt Sankt Helena sogar als ein regelrechtes tropisches Paradies.

Sehnsüchtig mag der Blick in die Ferne gehen – weit weg von Europa und gut bewacht muss der verbannte Napoleon den Rest seines Daseins im Exil fristen.

»*Das dort herrschende Klima ist gesund, und die örtliche Situation gestattet es überdies, dass er dort mit wesentlich größerer Nachsicht behandelt werden kann als an jedem anderen Ort, der eine ähnliche Situation bietet.«*

(aus dem Beschluss der britischen Regierung, Sankt Helena als Verbannungsort für Napoleon auszuwählen)

Doch wir können sicher sein, dass die Alliierten sich das Inselchen nicht gerade nach seinem Erholungswert für den renitenten Weltenherrscher aussuchten. Vielmehr sprach erst einmal die Lage für das Eiland: Es war weit weg, sehr weit weg. Und es war sehr einsam gelegen: über 1.800 Kilometer Luftlinie von der afrikanischen Westküste entfernt und mehr als 3.500 von Brasilien. Von dieser bizarren Felseninsel, die einst durch einen gewaltigen Vulkanausbruch entstanden war, dürfte dem gefürchteten Franzosen nicht wieder die Flucht gelingen, hofften die Alliierten zumindest. Sicher waren sie sich nicht ...

»Hat er diesmal nur drei Tage von Elba bis Frankreich gebraucht, so wird er vielleicht von seinem künftigen Exil vierzehn Tage gebrauchen, aber wiederkommen wird er doch.«

(der preußische König Friedrich Wilhelm III. zwei Wochen nach Waterloo)

Aber die Optimisten behielten recht: Diese Insel war Napoleons letzte Station. Er starb am 5. Mai 1821 auf Sankt Helena. Nach Frankreich kehrten Jahre später nur seine sterblichen Überreste zurück. Sein Grabmal findet sich heute im Invalidendom in Paris.

Tipp zum Weiterlesen:

Volker Ullrich: Napoleon. Eine Biographie, Reinbek 2004. Eine knappe, glänzend erzählte und reich bebilderte Biographie.

Auf großer Fahrt 12

Der Seemann, das Meer und ihre Geschichten

Seit es den Menschen gibt, ist er in Bewegung – und damit hatte er meist so seine Probleme. Das war beispielsweise immer dann der Fall, wenn er auf dem Weg zu seinem Ziel auf Wasser traf. Ein Fluss, ein See oder manchmal eben ein ganzes Meer mussten überquert werden, wollte etwa der brave Kaufmann Handel treiben oder der machthungrige Feldherr in den nächsten Krieg ziehen. Allen voran mussten sich die Fischer bei der mühevollen Jagd auf das Wasser hinauswagen, zunächst auf kleinere Seen, später vorsichtig an den Küsten entlang, schließlich aber immer wagemutiger hinaus auf das offene Meer.

Geblieben ist von dieser Geschichte in unserer Vorstellung vor allem die Romantik der Seefahrt. Besonders die großen Entdecker bilden noch immer den Stoff, aus dem die Legenden sind. Vasco da Gama etwa, der den Seeweg nach Indien fand, oder Ferdinand Magellan, der den Weg zwischen Südamerika und Feuerland durchfuhr und damit bei seiner Weltumseglung den Weg zwischen Atlantik und Pazifik eröffnete. Die berühmteste aller Seefahrten gelang ohne Frage dem in Genua geborenen Christoph Kolumbus, als er am 3. August 1492 an der andalusischen Atlantikküste in See stach und sich gen Westen aufmachte. Heute weiß jedes Kind, dass der gute Mann zu einem folgenschweren Irrtum aufbrach, weil er mit seinen drei Schiffen eigentlich den direkten Seeweg nach China und Indien finden wollte – und dabei zufällig auf Amerika stieß.

Almirante de nauios para las Indias.

So ging Kolumbus in die Geschichte ein – als »Admiral der Flotte nach Indien«, die dann aber auf ihrem Weg gen Westen bekanntermaßen in Amerika landete.

>»Der Ruhm des Columbus bestand nicht darin, dass er angekommen ist, sondern darin, dass er abgefahren ist.«
>
> (Jules Verne)

Kolumbus konnte ziemlich sicher sein, dass er und seine Männer nicht irgendwann am Ende der Welt von einer Scheibe fallen würden – es hatte sich in Europa längst herumgesprochen, dass die Erde eine Kugel sein muss. Und doch war es eine tollkühne Reise. Noch nie war jemand absichtlich so weit übers offene Meer immer weiter nach Westen gesegelt. Es war eine Reise ins Ungewisse. Und die Mannschaften der »Santa Maria«, der »Pinta« und der »Niña« hatten selbstverständlich keineswegs immer ein gutes Gefühl. Das wusste auch ihr Anführer. Und deshalb musste er sich etwas einfallen lassen, um offenen Aufruhr gegen das Vorhaben zu verhindern ...

Wie versuchte Kolumbus bei seiner ersten Amerikafahrt seine Mannschaft zu beruhigen?

a) Er behauptete, eigentlich auf dem Weg nach Afrika zu sein.

b) Er belog sie ständig über die tatsächlich zurückgelegten Seemeilen.

c) Er warf heimlich Äste über Bord, um die Nähe von Land vorzutäuschen.

Auch ein einfacher Seemann hätte irgendwann gemerkt, wenn die Fahrt ständig in eine falsche Himmelsrichtung gegangen wäre – die Besatzung wusste nur zu gut, dass es nicht nach Afrika, sondern gen Indien gehen sollte. Und dass Kolumbus heimlich Äste ins Wasser warf, ist ebenfalls falsch. Richtig ist hingegen, dass der große Seefahrer seine Männer systematisch anlog, was die tatsächlich zurückgelegte Strecke anging. Fortwährend spielte er die Zahl der Seemeilen herunter, damit – wie er in sein Tagebuch eintrug – »meine Leute nicht den Mut verloren, falls die Reise zu lange dauern sollte«.

»Mittwoch, den 3. Oktober
Ich kam auf meinem gewohnten Kurs um 188 See-
meilen weiter, wovon ich nur 160 angab ...
Donnerstag, den 4. Oktober
Ich rückte um 252 Seemeilen gegen Westen vor, in
Nacht- und Tagfahrt; der Mannschaft gab ich nur
184 an.«

(Christoph Kolumbus in seinem »Bordbuch«, 1492)

»Zu diesem Zeitpunkte beklagten sich meine Leute
über die lange Reisedauer, die ihnen unerträglich zu
sein schien. Ich wusste sie jedoch aufzumuntern, so
gut ich eben konnte, und stellte ihnen den Verdienst,
den sie sich auf diese Weise verschaffen konnten, in
nahe Aussicht. Dem fügte ich hinzu, dass es zwecklos
wäre, darüber in Streit zu geraten, da ich nun einmal
entschlossen sei, nach Indien zu gelangen und die
Reise so lange fortzusetzen, bis ich mit Gottes Hilfe
dahin gelangt sein werde.«

(Eintrag vom 10. Oktober 1492)

Tatsächlich kam Kolumbus bei seiner legendären Fahrt nur knapp an einer folgenreichen Meuterei vorbei. Der Erfolg langer Seefahrten – das wussten auch seine Kollegen – hing eben nicht nur von guter Navigation und solide gebauten Schiffen ab. Auch die mentale und körperliche Verfassung der Mannschaft konnte über das Gelingen einer solchen Reise entscheiden. Denn jeder Ausflug auf das Meer bedeutete für die Seemänner Anstrengungen und Entbehrungen. Das Leben an Bord war ein Knochenjob. Dafür suchten Schiffseigner und Kapitäne gestandene Männer – und die von der Küste galten über Jahrhunderte hinweg geradezu als Sinnbild für »richtige Kerle« ...

*»Benötigt werden Männer, die in Küstenstädten ge-
boren sind; sie müssen frühzeitig Seeluft atmen und
in gewisser Weise von der Wiege an mit dem Meeres-
element spielen ... Ein Mann, der an der Küste geboren ist, wiegt mindestens zwei andere auf.«*
(aus einer französischen Denkschrift 1794/95)

Wer bei langen Fahrten hart arbeitete, musste allerdings auch
ordentlich verpflegt werden. Und tatsächlich bekamen Seemänner in aller Regel ausreichend zu essen – allein schon aus Eigen-
nutz der Schiffseigentümer, denn was nutzte ihnen schon eine
Mannschaft, die nicht arbeiten konnte. Kulinarische Köstlich-
keiten gab es allerdings nicht. Das Essen war meist eintönig,
oft gab es nur Pökelfleisch mit steinhartem Zwieback, den man
vor dem Essen erst einmal gehörig einweichen musste. Für das

Knochenjob auf rauer See: Mit aller Macht mussten sich Seemänner stets der See
erwehren, hier auf einem Frachter im stürmischen Pazifik vor Chile.

14. Jahrhundert wissen wir, dass eine Tagesration auf venezianischen oder schwedischen Schiffen rund 4.000 Kalorien betrug. Sehr viel mehr war es im 18. Jahrhundert auf den großen holländischen Schiffen, was aber maßgeblich an dem dort verabreichten, ausgesprochen nahrhaften Bier gelegen haben dürfte. Wenngleich also die Verpflegung von Schiff zu Schiff und von Nation zu Nation sicherlich schwankte: Der magere, ausgehungerte Seemann ist weithin eine Legende. Aber ohne Frage war er immer durstig: Die salzhaltige Luft trocknete seine Kehle aus, und sauberes Wasser war eine wertvolle Fracht.

Ansonsten waren die Lebens- und Arbeitsbedingungen an Bord in aller Regel eine echte Zumutung: Zwar gab es an Deck reichlich frische Seeluft – aber das war auf dem ganzen Schiff auch oft so ziemlich das Einzige, was sauber war. Hygienische Mängel waren an der Tagesordnung, für die Körperpflege fehlten die Bedingungen, ausreichend Kleidung zum Wechseln war meist nicht vorhanden. Und in den warmen und feuchten Kajüten fühlte sich vor allem das Ungeziefer wohl, selbst kleine Verletzungen oder zunächst harmlose Erkrankungen konnten für den braven Seemann schnell tödlich enden ...

> »Kein Mann wird Seemann, der genügend Ehrgeiz hat, sich selbst ins Gefängnis zu bringen; denn auf einem Schiff ist es wie in einem Gefängnis – dazu mit der Chance zu ertrinken ... Im Gefängnis aber hat man mehr Platz, besseres Essen und gewöhnlich bessere Gesellschaft.«
>
> (ein englischer Arzt über die Handelsschifffahrt im 17. Jahrhundert)

Auf dem Meer waren die Seeleute nicht nur den Naturgewalten ausgesetzt, sondern häufig zunächst einmal ihren Kapitänen. Unter ihnen waren bekanntermaßen nicht immer nur gute Menschen – die Geschichtsbücher sind voll von tatsächlichen oder vermeintlichen Bösewichtern, von Menschenschindern und Säufern. Sicherlich: Es gab Kapitäne, die nahmen ihre Arbeit ernst und machten sie so gut wie irgend möglich. Und sollte es zum Schlimmsten kommen – dem Untergang eines Schiffes –, verließen viele von ihnen tatsächlich vorbildlich als Letzter das sinkende Schiff.

Aber eben nicht alle: 1854 beispielsweise stieß das Bremer Auswandererschiff »Favorite« nachts im englischen Kanal mit einem anderen Schiff zusammen. Der deutsche Kapitän lag in diesem Moment seelenruhig in seiner Koje, statt seinen Platz an Deck einzunehmen. Eine spätere Untersuchung ergab, dass der aus dem Schlaf gerissene Kapitän, »ohne sich nur einmal umzusehen, sofort und zuerst von allen auf das andere Schiff« flüchtete – hintendrein übrigens der Rest der Besatzung, die »nichts als den davonlaufenden Kapitän sah«. Zurück ließ die Truppe das sinkende Auswandererschiff mit noch 211 Menschen an Bord.

Doch zurück zu den verantwortungsvollen Kapitänen. Und damit zu denen, die mit ihrer wertvollen Fracht unbeschadet das Ziel erreichen wollten. Sie mussten angesichts weiter Wege das Wohl der Seemänner im Blick haben ...

Was hatten kluge Kapitäne im 18. Jahrhundert bei weiten Reisen zuweilen fässerweise an Bord?

a) Trockenmilch

b) Sauerkraut

c) Teebaumöl

Die Trockenmilch ist eine Errungenschaft, die die Menschheit im 18. Jahrhundert noch nicht kannte, und die medizinische Wirkung des Teebaumöls wurde zwar zu dieser Zeit auch von den

Europäern allmählich entdeckt, doch war man von einer fässerweisen Produktion noch weit entfernt. Anders war das hingegen beim Sauerkraut. Man wusste nämlich von dem hohen Vitamingehalt des Krautes – und damit war es für die Bekämpfung einer bislang übermächtig erscheinenden Krankheit der Seefahrer von Interesse, nämlich für die Bekämpfung von Skorbut. Wer Monate auf See war, so hatte sich schon im 17. Jahrhundert dramatisch gezeigt, konnte Opfer dieser Krankheit werden. Dass es sich um eine Mangelerkrankung handelte, der durch Zufuhr von Vitamin C, also am einfachsten durch den Verzehr von Obst oder Gemüse zu begegnen war, fand man erst Mitte des 18. Jahrhunderts heraus. Damit wurden übrigens auch hilflose Versuche der Therapie beendet; niemand kam mehr auf die Idee, Skorbutkranke nach ihrer Rückkehr in die Heimat einen ganzen Tag lang bis zum Hals in angeblich heilsamer Erde einzugraben ...

Die englische Marine reagierte rasch auf die neuen Erkenntnisse, indem sie als vorbeugende Maßnahme ihren Seeleuten Zitronen mit auf die Reise gab – und es war ebenfalls ein Engländer, der Sauerkraut als großartigen Vitaminspender kannte und die gute Lagerfähigkeit des Kohlgerichtes schätzte: Der legendäre James Cook belud bei einer seiner großen Fahrten 1776 sein Schiff mit Unmengen von Sauerkrautfässern und mit Kisten von Zitronen. Der Erfolg gab ihm und anderen recht – und eigentlich wäre es nur gerecht, den englischen Seefahrer und Entdecker James Cook zu einem »Kraut« ehrenhalber zu ernennen ...

Jeder Seemann, der auf einer langen Fahrt von Krankheit verschont blieb, konnte sich glücklich schätzen. Aber es gab ja noch zahlreiche andere Gefahren an Bord: Unfälle, Überfälle, schließlich auch der Untergang des Schiffes. Rettung aus der Not gab es in früheren Zeiten in den seltensten Fällen, die Seenotrettung heutigen Musters wurde erst im 19. Jahrhundert ausgebaut. Die »Deutsche Gesellschaft zur Rettung Schiffbrüchiger« wurde 1865 in Kiel gegründet – und bis heute finanziert sie sich ausschließlich durch Spenden und freiwillige Zuwendungen.

»Eines Morgens trieb ein Mast an uns vorüber. Die anderen betrachteten das weiter nicht, aber für mich war's ein seltsam reizvoller Anblick. Ich musste an Schiffsunglück, Meuterei und seemännischen Heldentod denken.«

(Joachim Ringelnatz, »Mein Schiffsjungentagebuch«)

Und zum Schluss dann nur noch ein kurzes Gebet: Bestattung auf See

Den vermeintlichen »Heldentod« wollten sich die Seefahrer natürlich möglichst ersparen. Der Tod auf See machte ihnen verständlicherweise Angst. Denn das hieß sterben, ohne die Lieben in der Heimat wiedergesehen zu haben. Der Tote wurde in einem solchen Fall in aller Regel in einen Sack genäht, der dann mit einem Gewicht beschwert über Bord ging – und die Mannschaft murmelte dazu mehr oder weniger gekonnt ein Gebet. Da die meisten Menschen früher fest an die Auferstehung der Toten glaubten, drückte die Seefahrer und ihre Angehörigen die Angst, dass die auf See Gestorbenen am Ende der Zeiten an dieser Auferstehung nicht teilnehmen könnten – einfach weil ihre Körper dann nicht aufzufinden seien. Möglicherweise ist das der Kern vieler Seemannslegenden von den unruhigen Geistern der Ertrunkenen, die sich in Nebelbänke gehüllt aufmachen, die Lebenden heimzusuchen.

Seit Beginn der Seefahrt waren also Fragen nach der Sicherheit der Seemänner drängend – und sie provozierten bauliche Leistungen, die der Nachwelt besonders in Erinnerung blieben ...

Welche historische Errungenschaft aus der Seefahrt wird zu den sieben Weltwundern gezählt?

a) die Arche Noah

b) der Hafen von Piräus

c) der Leuchtturm von Alexandria

Sollte es die biblische Arche Noah wirklich gegeben haben, so wäre sie ohne Frage eine der ganz großen Leistungen dieser Welt. Doch leider wird sie nicht zu den sieben Weltwundern der Antike gerechnet – ebenso wenig wie der Hafen von Piräus, auch wenn er in der klassischen Zeit der bedeutendste Warenumschlagplatz der griechischen Welt war. Die Anerkennung als Weltwunder schaffte hingegen der legendäre Leuchtturm von Alexandria, erbaut im 3. Jahrhundert v. Chr. auf der Halbinsel Pharos vor Alexandria.

Der für die damalige Zeit gigantische Turm dürfte zweifelsfrei schon von weitem gut zu sehen gewesen sein, wenngleich das

Feuer an seiner Spitze erst viel später, vermutlich im 1. Jahrhundert n. Chr., entzündet wurde. Der Leuchtturm war der damaligen Bedeutung der Stadt Alexandria nur angemessen: Sie war zu ihrer Zeit eine internationale Metropole (während der römischen Herrschaft war sie nach Rom die zweitgrößte Stadt des riesigen Reiches) und fungierte als zentraler Knotenpunkt des Handels zwischen dem Mittelmeer, dem Indischen Ozean und Asien. Mit anderen Worten: Hier liefen alle kostbaren Waren der damaligen Welt zusammen – und die wollte jeder Beteiligte sicher im Hafen sehen. Der Leuchtturm mit seiner Orientierungshilfe trug dazu erheblich bei – jedenfalls bis zum 14. Jahrhundert, als ihn zwei Erdbeben zerstörten.

Das ägyptische Vorbild machte bekanntlich Karriere in der Schifffahrt – mit den Jahrhunderten wuchs die Zahl der Leuchttürme. Im Mittelalter nahm die Zahl dieser Orientierungspunkte massiv zu. Sowohl an der nordeuropäischen als auch der atlantischen Küste leuchteten fortan des Nachts die Lichter ebenso wie im gesamten Mittelmeer. In Genua wurde Mitte des 15. Jahrhunderts der Bau des Leuchtturms am Ende der Hafenmole übrigens einem Onkel von Christoph Kolumbus anvertraut.

Nun konnten sich diese frühen Signalanlagen in ihrer Größe meist nicht mit dem antiken Turm messen. So gab es an den Küsten des europäischen Mittelalters oft genug nur einfache Feuerstellen an Hafeneinfahrten oder von ferne kaum wahrnehmbare Lichter auf Kirchtürmen, die wohl eher wie Schiffslaternen aussahen, und nicht wie gestandene Leuchttürme. Aber den Seemännern jener Zeit soll es einerlei gewesen sein – sie dürften in der Dunkelheit jede auch noch so kleine Hilfe geschätzt haben.

Doch alle Orientierung entlang der Küste nutzte dem wackeren Seemann wenig, wenn er auf hoher See jener Gefahr begegnete, die es seit Bestehen der Seefahrt gab: den Piraten. Wir kennen sie in aller Regel aus dem Kino, dem Fernsehen oder dem be-

Der riesige Leuchtturm von Alexandria in einer Abbildung aus dem 19. Jahrhundert. Seine tatsächliche Höhe ist unklar – es sollen über hundert Meter gewesen sein.

rühmtesten aller Piratenbücher: der »Schatzinsel« von Robert L. Stevenson, in der sich bekanntlich Gut und Böse einen abenteuerlichen Kampf um den vergrabenen Schatz des Piratenkapitäns Flint liefern.

> *»Plötzlich begann der Kapitän sein ewiges Lied zu grölen:*
> *Fünfzehn Mann auf des toten Manns Truh –*
> *Johoho und 'ne Buddel Rum!*
> *Sauft, und der Teufel sagt Amen dazu –*
> *Johoho und 'ne Buddel voll Rum!«*
>
> (wie der spätere Schiffsjunge Jim Hawkins in der »Schatzinsel« Bekanntschaft mit der Welt der Seemänner machte)

Nicht nur in Abenteuerromanen: Die Piraterie gehört einfach zur Seefahrt dazu. Seit Menschen sich auf das Meer hinauswagten, stellten andere ihnen und ihrer Ladung nach (da braucht übrigens niemand mit dem Finger auf die bösen Seefahrer zu zeigen – schließlich gab und gibt es an Land wohl sehr viel mehr Räuber). Ihre Opfer waren kleine Fischerboote in der antiken Welt ebenso wie die imposanten Galeeren der großen Seemächte Spanien, Portugal oder England, die Jahrhunderte später über die Weltmeere zogen. Und wie wir wissen, machen noch heute Piraten Jagd auf Handelsschiffe: Hunderte von ihnen werden Jahr für Jahr überfallen. Dass dabei Menschen verletzt und getötet werden, nehmen wir angesichts vieler anderer schlechter Nachrichten aus aller Welt kaum noch wahr.

Bis heute ist unser Bild von den Piraten von romantischen Vorstellungen geprägt. Fast schwingt ein wenig heimliche Bewunderung mit, zu der die großen Piratenfilme sicherlich einen maßgeblichen Anteil beigesteuert haben. Die Legende bedient unsere Sehnsüchte nach Freiheit und Abenteuer – und übrigens auch nach Abwesenheit von Arbeit. Denn interessanterweise kommen Piraten in der landläufigen Vorstellung nicht als schwer arbeitende Seemänner daher, sondern als leichtlebige Gesellen, die stets gutgelaunt durch sonnige Gestade segeln und aufgrund ihrer leichten Beutezüge geradezu im Geld schwimmen. Auch hier sah die Wirklichkeit deutlich anders aus. Denn auch die Piraten hatten die harte Arbeit aller Seemänner zu tun, auch sie litten unter den schlechten hygienischen Zuständen auf Schiffen. Zudem war hier die Enge an Bord noch schlimmer, denn die Zahl der Besatzungsmitglieder war deutlich größer als auf anderen Schiffen.

Es ist also schwer, Legende und Wahrheit hier immer sorgfältig auseinanderzuhalten ...

Welche Aussage über das Leben auf Piratenschiffen ist richtig?

a) Es gab auch berühmte Piratinnen.

b) Vor Überfällen wurde ein Alkoholverbot verhängt.

c) Piratenflaggen sind eine Erfindung der Nachwelt.

Ein Piratenschiff ohne Alkohol wäre zwar manchmal für eine ordentliche Kaperfahrt durchaus hilfreich gewesen – schließlich wissen wir von Gefechten, bei denen zahlreiche Seeräuber viel zu betrunken waren, um ernsthaft zu kämpfen. Aber gezielte Verbote vor Überfällen gab es nicht – und schließlich wusste man ja nicht immer, wann man ein reich beladenes Schiff zu Gesicht bekam. Alkohol spielte also an Bord eines Seeräuberschiffes eine wichtige Rolle. Wenn der ausgegangen war, drohten sogar Konflikte. Also: Die erwähnte »Buddel voll Rum« durfte der brave Pirat auf jeden Fall mit an Bord nehmen.

So kennen wir das Piratenleben – jedenfalls im Film: Errol Flynn 1935 in dem Spielfilm »Unter Piratenflagge« als gutaussehender »Captain Blood«.

Falsch ist auch, dass Piratenflaggen eine Erfindung der Nachwelt sind. Sie schmückten tatsächlich die Schiffe der maritimen Wegelagerer. Anfangs segelten sie noch unter der Flagge ihres Heimatlandes und nutzten dann auch allerlei höchst phantasievolle Kreationen. Doch allmählich setzte sich einerseits die Farbe Schwarz und andererseits die Verwendung des Totenkopfsymbols durch. Als »Jolly Roger« wurde er bekannt – und auf den Weltmeeren gefürchtet. Wer als Piratenkapitän etwas auf sich hielt, wandelte die Flagge übrigens noch ein wenig ab und »verewigte« sich mit einer eigenen Piratenflagge.

Richtig ist allerdings die Aussage, dass es auch berühmte Piratinnen gegeben hat, auch wenn wir nur von wenigen aus der langen Geschichte der Piraterie wirklich genaue Kenntnis haben. Sie gehörten jedenfalls zu den wenigen Frauen, die in der Welt der Piraten einmal nicht Opfer waren. Denn zumeist wurden sie bei Überfällen erbeutet, wurden vergewaltigt oder gegen hohes Lösegeld ausgetauscht, oder sie fristeten ihr Dasein als Dirnen in irgendwelchen abgelegenen Piratennestern. Zwei berühmt gewordene Ausnahmen kennt die Geschichte ziemlich genau: Anne Bonny und Mary Read. Ihrem Kommando folgten vor 300 Jahren selbst die hartgesottensten Männer, und auf den Meeren verbreiteten sie Angst und Schrecken.

> *»Die beiden Frauen trugen Männerjacken und lange Hosen und um den Kopf gebundene Taschentücher; jede von ihnen hatte eine Machete und eine Pistole in der Hand.«*
>
> (Aussage einer Zeugin im Prozess gegen Mary Read und Anne Bonny)

Typischerweise steckten viele Piratinnen, von denen wir wissen, in Männerkleidern. So auch Mary Read, die sich schon in ihrer Kindheit in England gerne als Junge verkleidete. Als »Mann« landete sie später sogar bei der Armee und heuerte schließlich auf einem holländischen Frachter an. Als deren Besatzung nach einigen Wochen auf See ein herannahendes Schiff sah, auf dem die Piratenflagge gehisst wurde, ergab sich die Mannschaft kampflos. Nicht so Mary Read, die ja immerhin als »Soldat« Kampferfahrung hatte. Dem Kapitän des Piratenschiffes imponierte der mutige »Kerl«, der deshalb verschont und in seine Mannschaft aufgenommen wurde (die übrige Besatzung des gekaperten Schiffes wurde in Beibooten ausgesetzt, was auf offener See damals den sicheren Tod bedeutete).

Die Ironie der Geschichte will es, dass Mary Read an Bord des Piratenschiffes auf eine andere Piratin traf, auf Anne Bonny, die als Geliebte des Kapitäns mit an Bord war – und sich auch in Männerkleidung verbarg. Als sich beide näher anfreundeten, stellten sie schließlich zu ihrer großen Überraschung fest, dass sie sich beide als Frauen in diese Männerwelt eingeschlichen hatten. Sie kämpften fortan weiter verkleidet an der Seite ihres

Zwei Frauen, die den Männern Angst machten: Die Piratinnen Mary Read und Anne Bonny, wie sie später mit viel künstlerischer Freiheit dargestellt wurden.

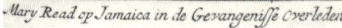

Mary Read op Jamaica in de Gevangenisse overleden.   Anne Bonny op Jamaica Gevangen.

216

Kapitäns. Und doch kam 1720 das Ende, als das Schiff vor Jamaika aufgebracht wurde und die Piraten überwältigt wurden.

Mit den Männern machte das Gericht dort kurzen Prozess – sie wurden zum Tode verurteilt und aufgehängt. Als allerdings offenbar wurde, dass auch zwei Frauen unter den gefürchteten Piraten waren, war das Aufsehen groß. Selbst im fernen England wurde die Verhandlung mit großer Aufmerksamkeit verfolgt. So erfuhr man auch, dass die beiden von Zeugen schwer belastet wurden – gerade sie hätten bei den Kaperungen eine besonders aktive Rolle gespielt. Und so blieb dem Gericht kaum etwas anderes übrig, als Mary Read und Anne Bonny schließlich auch zum Tode zu verurteilen.

Doch das wirkliche Ende der beiden Piratinnen verliert sich im Dunkel der Geschichte. Ob sie tatsächlich hingerichtet wurden, lässt sich nicht mehr ermitteln. Ob sie im Gefängnis starben oder auf Umwegen wieder in Freiheit gelangten – all das gehört ins Reich der vielen Legenden und Geschichten von der Seefahrt. Nur eines macht das Beispiel der zwei Räuberinnen zweifelsfrei deutlich: Jede Geschichte der Seemänner bleibt unvollständig, wenn in ihr nicht auch die Frauen vorkommen …

Tipps zum Weiterlesen:

Philip de Souza: Die Beherrschung der Meere. Wie die Seefahrt die Menschheitsgeschichte prägte, München 2006. Ein gut erzählter, kenntnisreicher Überblick.

Christoph Kolumbus: Bordbuch, Frankfurt am Main/Leipzig 2006. Die Aufzeichnungen des Entdeckers als Taschenbuch – eine spannende historische Quelle.

Robert Bohn: Die Piraten, München 2005. Ein knapper und fundierter Überblick über das wirkliche Leben der Piraten.

Ludwig II. von Bayern

13

Der Märchenkönig mit höchst eigenen Ideen

Wegen seiner wahrhaft märchenhaften Schlösser ist er mit einem traumhaften Namen in die Geschichte eingegangen: Als »Märchenkönig« kennen wir den bayerischen König Ludwig II., der von 1845 bis 1886 lebte. Und kaum ein anderer Herrscher fasziniert die Menschen so wie er – woran sicherlich auch die bis heute rätselhaften Umstände seines Todes in den Fluten des Starnberger Sees verantwortlich sind.

Andere Könige der deutschen Geschichte werden vielleicht geachtet oder sogar verehrt – Ludwig II. aber wird geliebt: Auf der ganzen Welt finden sich seine Fans in zahlreichen Clubs zusammen und hüten das Erbe des »Kini«, wie sie ihren König noch heute liebevoll nennen.

Ludwig II. als junger und schöner Herrscher, der mit 18 Jahren den Thron bestieg und bei seinen Zeitgenossen große Hoffnungen weckte

Seine Schlösser Neuschwanstein, Herrenchiemsee und Linderhof sind weltberühmt und locken jedes Jahr Millionen Touristen nach Bayern. Und jedes Jahr – wenn der Geburtstag des Königs wiederkehrt – laufen die Verehrer zu Höchstleistungen auf: Es gibt Sonderführungen durch die königlichen Bauten, man vergnügt sich bei Konzerten oder lässt es sich bei Gala-Diners schmecken (abgesehen davon, dass es längst ganzjährig sogenannte »König-Ludwig-Menüs« gibt). Kurzum: Der Kult um den König ist zu einem bunten Zirkus geworden. Das wäre auch dem König eine Freude gewesen. Oder?

> **Was hätte es zu Ludwigs Lebzeiten ganz sicher nicht gegeben?**

> a) Feuerwerke über dem Starnberger See

> b) Kutschfahrten durchs nächtliche Bayern

> c) Öffentliche Empfänge in Schloss Neuschwanstein

Feuerwerke gab es unter Ludwig II. reichlich. Wie es sich damals für ein zünftiges Fest an Königshäusern gehörte, wurde bei solchen Gelegenheiten ordentlich Schwarzpulver in die Luft gejagt. Dabei verstand es Ludwig durchaus, selbst verwöhnte Gäste mit seinen Inszenierungen zu beeindrucken. So erfahren wir aus einem Bericht des preußischen Gesandten am bayerischen Königshof, dass er sich angesichts einer solchen Inszenierung völlig überwältigt am »Schauplatz eines Märchens aus Tausendundeiner Nacht« fühlte.

Und auch für Kutschfahrten war der König zu haben. Als Naturfreund ritt und kurvte er gerne in den Bergen Bayerns umher und genoss die Schönheiten seines Reiches, oft in Begleitung von ausgewählten Freunden und – wie nicht erst die Nachwelt erfuhr – von männlichen Liebhabern. In seinem Tagebuch finden sich auch darauf immer wieder Hinweise ...

> *»Linderhof 1880. Am 28ten bei herrlichem Sonnenschein nach Hochkopf, Er Miranda, ich Amor geritten zur Aussicht auf den Walchensee, gelesen (Scheffel), Ihm die Tischplätze gezeigt, dann zu Mittag, selige Stunden, um den Berg gegangen. Souper, viel erzählt, heiter und glücklich ... spät zum größten Theil zu Fuß hinab, Mondensichel (Diana) 1/2 4 Uhr. Sehr gelungener Ausflug. 29. Regen ... am 30ten. viel Schnee, geritten Hinterriß zu. Er Haidenau, ich Verolea. zurück gefahren.«*
>
> (Ludwig II. in seinem Tagebuch)

Besonders berühmt – weil ziemlich eigenartig – sind bis heute die nächtlichen Ausflüge des Herrschers. Dazu kostümierte er sich nicht selten nach Art des französischen Königs Ludwig XIV. (sein großes Vorbild), und auch die mitreisenden Diener wurden dazu mit passenden Uniformen ausstaffiert. Im Winter benutzte er einen prächtigen Schlitten, dem meist ein Reiter mit einer Fackel voranritt. Derweil thronte Ludwig warm eingepackt in seinem Gefährt – und wurde dabei sogar noch von einem kleinen elektrischen Licht beleuchtet. Wie gesagt: Gegen eine ordentlich inszenierte nächtliche Kutschfahrt hatte der König absolut nichts einzuwenden.

Was es hingegen zu Ludwigs Zeiten tatsächlich ganz sicher nie gegeben hat, sind öffentliche Empfänge im Schloss Neuschwanstein. Denn je länger der König im Amt war, desto mehr hielt er sich von den Menschen möglichst fern – und folgerichtig hielt er seine Schlösser für den Publikumsverkehr geschlossen. Für uns ist das heute nachvollziehbar, man will ja schließlich nicht jedem sein Schlafzimmer zeigen. Doch andere Könige vergangener Zeiten sahen das deutlich entspannter – in vielen Schlössern und Residenzen wurde an Dekoration und Mobiliar so richtig dick aufgetragen, um den Prunk dann möglichst vielen Leuten zu zeigen. Der schon erwähnte »Sonnenkönig« Ludwig XIV. von Frankreich beschränkte sich beispielsweise keineswegs darauf, mit Versailles eines der stilprägenden und prächtigsten Schlösser der damaligen Zeit zu bauen. Er ließ sogar ausdrücklich Zuschauer in sein Schlafgemach und machte aus seinem morgendlichen Aufwachen und Anziehen eine ganze Zeremonie: Das »levée« (das Aufstehen) inszenierte er vor Publikum – was für die Anwesenden natürlich eine große Ehre war. Für den zunehmend menschenscheuen Ludwig im fernen Bayern wäre eine solche Szene schlicht unvorstellbar gewesen.

Doch ganz so wie der verehrte französische König erfreute sich Ludwig bekanntlich an ordentlichen Schlossbauten. Und das lag durchaus in der Familie: Schon sein Großvater Ludwig I. sowie sein Vater Maximilian hatten einen Hang zur repräsentativen Architektur – wie es damals bei Königen so üblich war. So verschönerten sie unter anderem die Residenzstadt München mit zahlreichen Gebäuden und Anlagen. Ihr Nachfolger Ludwig wollte ihnen da in nichts nachstehen. Doch anders als seine Vorgänger wollte er mit neuen Prachtbauten nicht den Ruhm des Königshauses mehren. Ihm ging es bei dem ganzen Baueifer um ihn selbst, er wollte für sich selbst etwas Schönes bauen, nicht für sein Geschlecht der Wittelsbacher.

Wer nun allerdings glaubt, es habe bei Ludwig immer prächtig zugehen müssen, der irrt sich. Im Sommer zog der engere Beraterkreis häufig zusammen mit dem Monarchen nach Schloss Berg am Ufer des Starnberger Sees. Hier ging es geradezu bürgerlich zu. Über das kleine Landschloss rümpfte so manch verwöhnter Fürst die Nase: Es war klein, einfach und hatte nicht einmal einen vernünftigen Garten. Den badischen Gesandten erinnerte es bei einem Besuch gar an eine »Mischung von königlicher Haltung, von klösterlicher Absperrung und von unordentlicher Junggesellenwirtschaft«. Hauptsache gemütlich, wird sich Ludwig gedacht haben: Im Wohnzimmer stand ein Kachelofen, vor dem Fenster lag sein geliebter Starnberger See, und in der Nähe lebten fast nur Bauern, von denen sich der König noch am wenigsten gestört fühlte. Und überhaupt: Majestät wohnten zuweilen auch in weit ausgefalleneren Unterkünften ...

Wo richtete sich Ludwig II. oft tagelang ein?

a) in einer Blockhütte

b) in einem Forsthaus

c) in einer Felsgrotte

Dass sich der Wittelsbacher gerne und durchaus auch stundenlang in seiner künstlichen Venusgrotte aufhielt, ist bekannt – sie ist heute eines der Hauptziele der Ludwig-Touristen. Auch in der sogenannten »Hundinghütte«, im Prinzip ein besseres Blockhaus, das im Ammerwald nahe der österreichischen Grenze um einen Baum herum gebaut und mit Fellen ausgelegt war, verbrachte er so manche Stunden. Aber dass er längere Zeit, womöglich sogar mehrere Tage dort gewohnt hätte, ist nicht überliefert. Belegt ist jedoch, dass er sich schon mit seinem Vater häufiger im Forsthaus aufhielt, das als königliche Jagdhütte diente. 1869 wollte Ludwig das »Königshäuschen« ein wenig umdekorieren und zu einer »königlichen Villa« machen. Aus diesen bescheidenen Umbauplänen wurden schließlich mehrere Bauphasen, und aus dem einstigen Tapetenwechsel wurde ein Barockschloss – das bis heute bewunderte Schloss Linderhof. Während der Umbauten stand das »Königshäuschen« sogar im Weg und wurde 1874 um 200 Meter versetzt. Ludwig konnte also weiterhin dort wohnen, was er vor Fertigstellung des Schlosses Linderhof auch mehrfach tat.

Dass Ludwig zunehmend aus der Welt flüchtete – und das nicht nur durch die Wahl seiner Wohn- und Arbeitsorte –, war übrigens ein echter Verlust für die bayerische Gesellschaft. Denn große Hoffnungen wurden in ihn gesetzt, als der junge König am Todestag seines Vaters Maximilian 1864 mit erst 18 Jahren den Thron bestieg. Er sah blendend aus: hochgewachsen, schlank, mit einem Augenaufschlag, der seine Zeitgenossen verzückte.

Doch dann kamen die ersten Irritationen. Es zeigte sich nämlich, dass Ludwig es nicht lange aushielt, wenn er mit vielen Menschen zusammen war. Es gibt einen Bericht, wonach er schon als 17-jähriger Leutnant bei seinem ersten öffentlichen Wachdienst heftige Beklemmungen verspürte, weil die neugierigen Münchner zusammengelaufen waren, um sich ihren Prinzen anzuschauen. Diese Aufgaben wollte er sich ersparen – und nach seiner Thronbesteigung hatte er auch die Mittel dazu. Er fand immer neue Wege, sich der Welt zu entziehen. Weil er beispielsweise wegen der vielen Menschen den regulären Kirchgang scheute, ließ er sich eine eigene kleine Kirche bauen, in der die Messe ganz für ihn allein gelesen wurde. Selbst komplette Opern

Einsamer Herrscher: Gemälde von Ludwig bei einer seiner nächtlichen Schlittenfahrten durch sein verschneites Königreich

wurden in Extravorstellungen aufgeführt – mit dem König als einzigem Zuschauer.

Nur mit großer Mühe konnte der König von seinen Untergebenen überredet werden, sich wenigsten dann und wann einmal in der Öffentlichkeit zu zeigen. Es beruhigte ihn, dass seine Schlösser weit weg von der belebten Metropole München standen – Neuschwanstein liegt ja beispielsweise völlig abgelegen im Allgäu. Von der Welt abgeschirmt, ließ sich prächtig die Zeit verbringen. Stand aber dann wieder die Rückkehr nach München an, so regte sich der König schon wochenlang vorher auf und wäre am liebsten gar nicht gefahren.

> *»In Seeshaupt oder Peißenberg seien Allerhöchst-*
> *dieselben stundenlang unentschlossen und zögernd*
> *umhergegangen, bis der Zug bestiegen wurde, wären*
> *lieber wieder umgekehrt. München sei für Aller-*
> *höchstdieselben ›eine Qual, ein Gefängniß‹, so die ei-*
> *genen Worte seiner Majestät. Dieselbe Aufregung*
> *pflegte den Hoftafeln, die deßhalb öfters auch auf-*
> *geschoben wurden, vorherzugehen. Es sei – wieder die*
> *eigenen Worte Seiner Majestät – Allerhöchstdieselben*
> *zu Muthe, ›als gehe es zum Schaffott‹. Acht bis zehn*
> *Glas Champagner seien jedesmal zur Erleichterung*
> *vorher getrunken worden.«*
>
> (Aussage eines Bediensteten in einem ärztlichen Gutachten
> über den Geisteszustand des Königs 1886)

Vor großen Banketten, die übrigens nicht selten in letzter Sekunde vom König abgesagt wurden, sprach er stundenlang von dem »Unglück«, das ihm bevorstünde. Oft lief er dann in seinem Zimmer hin und her und verwünschte lauthals die erwarteten Tafelgäste. Für seine Untergebenen brachte ein solches Ereignis reichlich nervliche und organisatorische Strapazen mit sich. Seine Majestät waren zwar meistens charmant und zuvorkommend, aber auch sehr leicht reizbar, er konnte ausfallend und leider sogar gewalttätig werden. Zum Entsetzen seiner Dienerschaft berichtete Ludwig von Phantasien, wie er seinen Vater ohrfeigte oder seiner Mutter eine Wasserflasche über den Kopf zog. Es kam sogar vor, dass er Bedienstete herumstieß oder ihnen ins Gesicht schlug. Bei den Bärenkräften, die seine Majestät besaß, waren diese Übergriffe zweifellos nicht nur beleidigend, sondern durchaus auch schmerzhaft. Es darf also niemanden verwundern, dass sich Teile der Dienerschaft – ausgestattet mit wohlfeilen Ausreden, um den Herrscher nicht unnötig zu reizen – nach und nach dem persönlichen Dienst am König zu entziehen versuchten.

> *»Ich will mich der verdammten Höllendämmerung,*
> *die mich beständig in ihren qualmenden Dunstkreis*
> *reißen will, entziehen, um selig zu sein in der Götter-*
> *dämmerung der erhabenen Berges-Einsamkeit, fern*
> *von dem ›Tage‹, dem verhassten Feind, fern von der*
> *Tages-Sonne sengendem Schein! Fern der profanen*
> *Alltagswelt, der heillosen Politik, die mit ihren Poly-*
> *penarmen mich umschlingen will und jede Poesie so*
> *gerne gänzlich ersticken möchte.«*
> (Ludwig II. in einem Brief an Richard Wagner 1871)

Später notierten die Ärzte, die über Ludwigs Gesundheitszustand urteilen mussten, dass der König in seiner Isolation von Lakaien und Friseuren erfuhr, was im Lande eigentlich los war. Dabei musste sich auch die Dienerschaft vor dem guten Ludwig möglichst unsichtbar machen: Sie nahm Befehle zuweilen durch die geschlossene Tür entgegen oder servierte das Essen, ohne den König anzusehen.

Es verwundert bei solchen Schilderungen, dass die vornehmste Aufgabe des Königs – nämlich das halbwegs ordentliche Regieren seines Landes – ziemlich reibungslos erledigt wurde. Die zahlreichen Amtsgeschäfte wurden vom König durchaus pünktlich bewältigt: Ein ausgeklügeltes Boten- und Benachrichtigungssystem sorgte dafür, dass Majestät auch während seiner zahlreichen Ausflüge in dringenden Fällen immer erreichbar war – und das in Zeiten ohne Mobiltelefon.

Zu einer Marionette seiner Minister, die einen Großteil der praktischen Politikarbeit leisteten, ließ sich Ludwig also nicht machen. Wenn ihn etwas interessierte, konnte er seine Meinung sehr unmissverständlich deutlich machen und demonstrierte dabei Sachkenntnis und Klugheit. Ein preußischer Diplomat notierte etwa 1869 nach einem Treffen, Ludwig sei »wie immer sehr scharfsinnig in seinen Fragen und Antworten« gewesen. Streng verlangte er umfassendere Berichte, wenn er sich nicht ausreichend informiert fühlte. Angesichts dieser Tadel konnten die Kabinettsmitglieder froh sein, dass sich der Monarch mit Hingabe seinen Schlosskonstruktionen widmete – vor allem dem heute noch weltberühmten Schloss Neuschwanstein.

Noch ist Neuschwanstein eine Baustelle. Hier sollte nach dem Wunsch des Herrschers ein Schloss »im echten Stil der alten deutschen Ritterburgen« entstehen.

Bei diesem Vorhaben zeigte sich, wie sehr er sich für die von ihm bewunderten historischen Originalbauten interessierte. Von seinen Bauherren forderte er eine geradezu wissenschaftlich genaue geschichtliche Detailtreue. Pech für diejenigen, die sich den »alten« Stil der Ritterburgen irgendwie in der Art der damals sehr angesagten Neugotik vorstellten: Der König selbst befasste sich mit den alten Sagen – und erkannte, dass diese in einer romanisch geprägten Umgebung spielten. Da gab es kein Pardon, die Pläne wurden geändert und Neuschwanstein romanisiert.

Nur in einem Punkt wichen Ludwigs Nachbauten einer alten, vermeintlich besseren Welt erheblich von ihren historischen Vorbildern ab: Sie waren angefüllt mit dem damals neuesten Stand der Technik – heute fühlt man sich regelrecht an ein NASA-Zentrum im Ritterformat erinnert. Dabei reden wir hier nicht nur über elektrische Beleuchtung, Zentralheizung oder fließendes heißes Wasser, sondern über wirklich Modernes: So ließ Ludwig in der Küche eine technische Errungenschaft installieren, die durchaus auch unseren heutigen Geschmack treffen würde ...

An was erinnert eine technische Errungenschaft in der Küche des Schlosses Neuschwanstein?

a) eine asiatische Glasnudelmaschine

b) einen elektrischen Pizzaofen

c) einen automatischen Döner-Spieß

Wir wissen zwar, dass der König einiges über das chinesische Hofzeremoniell gelesen hat, so etwas wie eine Glasnudelmaschine besaß er allerdings nicht. Und ebenso wenig einen elektrischen Pizzaofen. Tatsächlich befanden sich in der Küche von

Neuschwanstein zwei automatische Drehspieße für Fleisch – eben solche, die heute in keiner Dönerbude fehlen. Diese Spieße wurden mit einer Heißluftturbine über eine Konstruktion aus Ketten und Gestänge angetrieben; ein Prinzip, das ein wenig an die Bewegung von Weihnachtspyramiden erinnert. Ob diese Spieße jemals für die Zubereitung eines ordentlichen Döners im heutigen Sinne herhalten mussten, ist natürlich ungeklärt. Aber wäre ja eine schöne Idee gewesen, denn Gammelfleisch hätte damals wohl keiner dem guten König angedreht ...

Doch nicht immer konnte sich Ludwig um solche Details kümmern – draußen in Bayern und in ganz Deutschland veränderte sich die Welt in raschem Tempo. Und allenthalben schien die Macht der Könige und Fürsten zu bröckeln. Seit der Revolution von 1848 sorgten sich die Herrscher mehr denn je um ihre Position, überall war das Verlangen zu spüren, die Rechte der Parlamente zu stärken – ja, es gab sogar Menschen, die sich nun sehr gut ein Leben ohne einen König vorstellen konnten.

Zudem fielen in Ludwigs Regierungszeit die alles entscheidenden Kriege auf dem Weg zur Gründung des Deutschen Reiches im Jahre 1871. Zuerst musste der Bayer an der Seite des Bündnispartners Österreich gegen die Preußen kämpfen – und verlor. Erst als er kurz darauf als Bündnispartner auf der Seite Preußens beim Krieg gegen Frankreich dabei war, gab es einen Sieg. Deutschland war begeistert: Ein Napoleon war geschlagen – es war zwar nur der Neffe von Bonaparte, nämlich Napoleon III., aber immerhin. Man fühlte sich als eine Nation und war nun bereit, einen deutschen Kaiser auszurufen. Man einigte sich bekanntlich auf den preußischen König, der dann als Kaiser Wilhelm I. regierte.

> *»Sehr hart für einen Fürsten, der den Frieden liebt!*
> *Das rauhe Kriegshandwerk, lange geübt, verwildert*
> *die Sitten der Menschen, macht sie unfähig, große,*
> *erhabene Ideen zu fassen, stumpft sie ab für geistige*
> *Genüsse; denn diese allein sind im Stande dauernd*

zu fesseln, diese allein gewähren wahre Wonne und
innere Befriedigung.«

(Ludwig in einem Brief an seine ehemalige Erzieherin 1871)

Ludwig II. mochte den Krieg nicht. Während beider Feldzüge
war er als Landesvater lieber brav zu Hause geblieben als seine
Soldaten zu begleiten. Ihn reizte der militärische Ausflug nicht,
er war kein begeisterter Uniformträger und hatte überhaupt wenig für das Militärhandwerk übrig. Nach der Niederlage gegen
Preußen war er deprimiert und hätte fast abgedankt. Doch auch
der spätere Sieg über Frankreich konnte seine Laune nicht wirklich verbessern: Ludwig trug demonstrativ Schwarz und bedau-
erte die armen Franzosen. Besonders entehrend fand Ludwig,
dass die französische Kapitulation in dem von ihm so geliebten
Versailles unterzeichnet wurde. Und gegen die Verleihung der
Kaiserkrone an den Preußenkönig wehrte er sich lange, weil er
zu Recht um die Souveränität Bayerns fürchtete. Kaisers Geburtstag wurde jedenfalls in Bayern nicht mit Glockengeläut
und Flaggen gefeiert – und auch heute haben die Preußen dort
ja bekanntlich nicht immer einen leichten Stand ...

»Gottlob, dass die Selbständigkeit Bayerns gewahrt
werden kann. Wenn nicht, wenn die Vertretung nach
außen verloren geht, wenn wir unter Preußens Hege-
monie zu stehen kommen, dann fort, ein Schatten-
könig ohne Macht will ich nicht sein.«

(Ludwig II. in einem Brief an Richard Wagner vom 18. Juli
1866)

Einen verständnisvollen Gesprächspartner und Freund fand
Ludwig II. in dieser Zeit übrigens in dem Komponisten Richard
Wagner. Hier hatte der König früh den richtigen Riecher bewie-
sen. Noch heute kann man ihm für die geniale Tat Respekt zol-
len, Wagner schon kurz nach seiner Thronbesteigung aufsuchen
zu lassen, ihn nach Bayern einzuladen und ihm später sogar ein

eigenes Festspielhaus zu bauen. Heute bilden die jährlichen Wagner-Festspiele bekanntlich einen wichtigen kulturellen und gesellschaftlichen Höhepunkt für Bayern und ganz Deutschland. Der einige Jahrzehnte jüngere König verschaffte Wagner allerdings nicht nur eine Anstellung, er kaufte ihm auch Häuser in München und am Starnberger See und stattete ihn so großzügig mit Gehalt aus, dass seine Minister und seine Untergebenen schließlich heftig protestierten.

Der Fall Wagner zeigt schon, dass Ludwig mit Geld nicht wirklich umgehen konnte. Mit anderen Worten: Majestät waren notorisch klamm. Ludwig gefiel es nämlich so sehr, große Komponisten zu fördern und vor allem noch größere Schlösser zu bauen, dass er damit sein Budget sprengte. Seine Märchenträume musste er nämlich aus seiner Privatschatulle bezahlen – was ihm schon bald nicht mehr gelang. Der König schickte also Bettelbriefe und Bittsteller in alle Welt und versuchte durch

Eine satirische Karikatur aus dem Jahr 1886 zeigt auf dem leeren Tresor ein Bildnis von Wagner und davor einen wehklagenden, weil in Geldnot geratenen Ludwig II.

Tricks und Drohungen die Taschen potenzieller Mäzene zu öffnen. Minister und Hofbedienstete trieb er an, Lösungen für diese – wie er es selbst taktvoll zu nennen pflegte – »wesentliche Hemmung« seiner Vorhaben zu finden. Eine ungewöhnliche Idee hatte der König allerdings selbst auf Lager ...

Was plante Ludwig II. angeblich, um seine dauernde Finanzkrise zu lösen?

a) die Einführung eines Solidaritätszuschlags

b) einen Banküberfall in Frankfurt

c) den Verkauf signierter Postkarten

Einen Plan zur Einführung eines Solidaritätszuschlages gab es unter Ludwig II. nicht – übrigens hätte er dann auch Schwierigkeiten mit der bayerischen Verfassung bekommen. Denn nach der durfte das Portemonnaie des Monarchen nicht mit Geldern aus der Staatskasse gefüllt werden. Auch vom Verkauf signierter Postkarten durch den Hof ist nichts bekannt – für seine finanziellen Wünsche hätte der arme König auch lange Autogramme schreiben müssen. Aber tatsächlich behauptete Hugo Graf Lerchenfeld-Koefering, königlich bayerischer Staatsrat, dass Ludwig eine Gruppe vertrauenswürdiger Diener mit dem Auftrag nach Frankfurt geschickt haben soll, eine Bank auszurauben. Diese seien aber gottlob so weit bei klarem Verstand gewesen, dass sie nie wirklich die Absicht hatten, die königliche Order auszuführen. So seien sie zwar brav nach Frankfurt gefahren – aber nur, um dann nach einer angemessenen Zeit wieder den Weg nach München einzuschlagen und dem erwartungsfrohen König mit gespielter Zerknirschtheit von dem Scheitern ihres Vorhabens zu berichten ...

Es half also nichts – der Monarch blieb überschuldet. Seine hilflosen Minister mussten schließlich sogar mit ansehen, wie die ersten Anträge von Gläubigern auf Pfändung des königlichen Vermögens einliefen. Damit hätte Bayern eine echte Premiere erlebt – der König selbst im Schuldenturm. Als dem Monarchen außerdem einfiel, dass er ja auch seine zuweilen lästig erscheinenden Minister ohne viel Federlesens entlassen konnte, war für die bedrängten Kabinettsmitglieder das Maß voll. Weil man einen König nicht einfach absetzen kann – das wäre ein Staatsstreich gewesen, und niemand wollte gleich die ganze Monarchie abschaffen –, erklärte man Majestät 1886 für unzurechnungsfähig. Und das war nicht weiter schwierig, denn gute Gründe dafür hatte der Mann mit den Jahren ja geliefert.

Zum Nachfolger wurde Ludwigs Bruder Otto ernannt. Da dieser aber leider auch schon lange als geisteskrank galt, trat großzügig Onkel Luitpold aus den Kulissen und übernahm für Otto die Regierungsgeschäfte. Zunächst herrschte große Erleichterung unter den Ministern, dass nun wieder ein ernstzunehmender Regent auf dem Thron saß. Doch schon drei Tage später die Katastrophe: Ludwig II. und sein Arzt wurden ertrunken im Starnberger See aufgefunden.

Es ist an dieser Stelle völlig gleichgültig, ob es sich nun um einen Selbstmord oder einen Mordkomplott gehandelt hat, der den Märchenkönig vom Leben in den Tod beförderte – denn nur die Ungewissheit garantiert schließlich den Legenden um diesen Tod ein langes Leben. Im Starnberger See zumindest erinnert heute ein Kreuz an das tragische Geschehen. Und es fungiert zugleich als passable Wegmarke für die zahlreichen Ausflugsboote, auf denen sich die Touristen über Ludwigs Leben und sein schauerliches Ende berichten lassen. Sieben Wochen nach Ludwigs Tod wurden übrigens seine Schlösser für das Publikum geöffnet. Und noch heute verspüren viele bei ihrem Anblick genau das, was ihr verehrter »Kini« einst prophezeite – nämlich vor Begeisterung erglühte Herzen ...

Gedenken an den König: Ein Königstreuen-Verein aus Ingolstadt wirft einen Blumen-
strauß an der Stelle in den Starnberger See, an der Ludwig aufgefunden wurde.

> »Wenn wir Beide längst nicht mehr sind, wird doch
> unser Werk noch der spätern Nachwelt als leuchten-
> des Vorbild dienen, das die Jahrhunderte entzücken
> soll, und in Begeisterung werden die Herzen erglühen
> für die Kunst, die Gottentstammte, die ewig leben-
> de.«

(Ludwig II. in einem Brief an Richard Wagner 1865)

Tipp zum Weiterlesen:

Franz Herre: Ludwig II. von Bayern: sein Leben, sein Land, seine
Zeit, Köln 2004. Ein gut lesbares Porträt des Bayernkönigs.

234

Das Wirtschafts-wunder

14

Eine Geschichte vom Reisen, Kaufen – und Arbeiten

Es gibt historische Begriffe, da wird es vielen Deutschen warm ums Herz. Das »Wirtschaftswunder« gehört zweifellos dazu. Gerade in den vergangenen Jahren, in denen wir so viel von Rezession und Staatsverschuldung, von Arbeitslosigkeit und immer weiter wachsenden Lasten für kommende Generationen hören mussten, tut der Blick in die 50er Jahre oft gut: Petticoat und Nierentisch, Kabinenroller und die erste Reise in den Süden – so schön stellen wir uns heute zumeist die 50er Jahre vor.

Doch am Beginn des Wirtschaftswunders stand eine wahre Herkules-Aufgabe: Die meisten deutschen Städte lagen noch in Trümmern – genauso wie viele andere Städte in Europa, das Deutschland mit seinem Krieg überzogen hatte. Jetzt musste so vieles neu entstehen, einfach weil so viel Altes nicht mehr da war. Eine neue Währung kam auf den Markt, bislang unbekannte Waren lagen in den Schaufenstern, neue Straßen und Häuser prägten zunehmend das Bild in den Städten. Bei all den Neuerungen mag man heute aus dem Auge verlieren, was damals tatsächlich das Leben der Menschen prägte ...

Was erlebte Westdeutschland Ende der 50er Jahre?

a) die neue Halbzeitregelung im Fußball

b) die Zwei-Drittel-Mehrheit der regierenden CDU

c) die Vollbeschäftigung auf dem Arbeitsmarkt

Also ein Spiel – jedenfalls auf dem Fußballplatz – dauert 90 Minuten. Sagte jedenfalls bedeutungsschwanger seinerzeit Sepp Herberger. Und recht hatte »der Chef«: Das war damals so und ist auch heute noch so, und dass es mittendrin eine Halbzeit gibt, war auch in den 50er Jahren nichts Neues. Auch erlebten die Westdeutschen keineswegs eine Zwei-Drittel-Mehrheit der regierenden CDU unter ihrem Kanzler Adenauer. Gleichwohl konnte sie komfortabel Politik machen: Im September 1953 errang die CDU/CSU im Bundestag die einfache Mehrheit. Und 1957 legte die Union sogar noch eins drauf: Erstmals gewann mit ihr eine Partei die absolute Mehrheit der Stimmen wie der Mandate – davon können die Volksparteien heute angesichts der immer wieder neuen Zwänge zu Koalitionen ja nur träumen. Konrad Adenauer schwamm auf seiner Erfolgswelle und hatte mit seinem Wahlkampfslogan »Keine Experimente« einen Riesenerfolg.

Tatsächlich durfte sich die Bundesrepublik Ende der 50er Jahre über die Vollbeschäftigung freuen. Die Arbeitslosenquote lag 1959 bei 2,5 Prozent, in den folgenden Jahren sank sie vorerst beständig auf unter ein Prozent. Das sogenannte »Wirtschaftswunder« hatte zu diesem Zeitpunkt vollends Tritt gefasst. Gründe dafür gab es viele, am wichtigsten war wohl die rasche Integration Westdeutschlands in die Weltwirtschaft. Die Bundesrepublik wurde wieder zu einer Exportnation, worauf die deutsche Wirtschaft heute bekanntlich noch immer baut. Und noch waren die Lohnkosten im Lande niedrig genug, um die Produkte attraktiv für den Weltmarkt zu machen.

> *»Deutschland, 1945 ein Plünderer, der seinerseits ausgeplündert worden war, ein Bettler im tiefsten Elend, besaß fünfzehn Jahre später pro Kopf seiner Bevölkerung mehr Gold als die Vereinigten Staaten, einen Exportüberschuss von fast 2 Milliarden Dollars, ein Volkseinkommen etwa dreimal so groß wie vor dem Krieg.«*
>
> (der Historiker Golo Mann 1958)

Allen voran rollte auf diesem Weg der »Käfer«. Er gilt bis heute als Mythos des Wirtschaftswunders, gleichzeitig als sein Motor wie als sein Symbol. Und nicht umsonst war es der Pkw, der die Träume jener Jahre bündelte: Das Auto diente schließlich als perfektes Statussymbol (tut es heute ja bei den meisten Menschen immer noch), es galt als sichtbares Zeichen des Fortschritts (bei dem nun jeder dabei sein wollte) und war zudem das verlässliche Beförderungsmittel ins Traumland der Freizeit. So wurde Westdeutschland zum Autoland: 1953 gab es im Land erst-

Familienglück im Wirtschaftswunder: Vati, Mutti, die zwei Kinderlein – und dann der erste kleine Wagen

237

mals über eine Million Personenwagen – und in den kommenden acht Jahren sollte sich diese Zahl glatt verfünffachen.

Am Anfang der massenhaften Automobilisierung standen die Klein- und Kleinstautos. Die hatten zuweilen noch nicht einmal vier Räder, wie etwa der populäre und legendäre Messerschmidt-Kabinenroller. Zum erfolgreichsten westdeutschen Kleinstwagen nach dem Krieg stieg das Goggomobil auf: Zwischen 1955 und 1967 wurden davon insgesamt 245.000 Stück hergestellt. Und mit diesen kleinen Gefährten machten sich die Deutschen nach und nach auf den Weg in den Urlaub – ganz hoch im Kurs stand bald die Reise nach Italien. Millionen brachen auf gen Süden. Irgendwo da musste man doch auf das romantische Leben stoßen, von dem in den vielbesungenen Capri-Fischern von Rudi Schuricke immer so schmalzig-schön zu hören war ...

> »Wenn bei Capri die rote Sonne im Meer versinkt,
> und vom Himmel die bleiche Sichel des Mondes blinkt,
> zieh'n die Fischer mit ihren Booten aufs Meer hinaus,
> und sie legen in weitem Bogen die Netze aus.«
>
> (Rudi Schuricke über die »Capri-Fischer«)

Den heutigen Komfort boten diese Reisen in den Süden natürlich noch nicht; bis zum Ziel saßen viele der Urlauber eng zusammengequetscht in ihrem Autochen, an Bord zuweilen nur unzureichende Campingausrüstung – und dann quälte man sich in Gruppen über die Alpen. Noch fehlte es hier an breiten Autostraßen, und so ging es mühsam, aber abenteuerlich in Serpentinen über die Pässe – gerne über den Brenner, den die Deutschen zur Urlaubszeit regelmäßig verstopften.

Bleibt allerdings anzumerken, dass sich damals keineswegs schon alle Deutschen mit ihrem eigenen Auto nach Italien aufmachten – noch gab es viele, die auf die wachsenden Angebote

»Man spricht deutsch«! Nach dem – vermutlich viel zu kurzen – Urlaub geht es für diese deutsche Familie wieder mit dem Käfer Richtung Heimat.

der damals noch so genannten Deutschen Bundesbahn oder von Busunternehmern angewiesen waren. Aber auf welche Art und Weise nun auch immer: Mitte der 50er Jahre ging jährlich ein knappes Drittel der westdeutschen Bevölkerung auf Reise.

Wieder daheim, wartete der harte Alltag auf die Familien. Denn die hatten noch längst nicht die Freizeit, die wir heute selbstverständlich nennen. Sogenannte »Brückentage«, zu denen Firmen oder Behörden ihre Arbeit zuweilen ganz einzustellen scheinen, waren damals noch unbekannt. Die Deutschen haben gearbeitet. Und zwar fast alle. Und das so viel, dass schließlich im Namen der Familie Einspruch erhoben wurde. Mit einem Slogan, der in die bundesrepublikanische Geschichte einging …

Wer propagierte 1956 den Slogan »Samstags gehört Vati mir«?

a) die Evangelische Kirche in Deutschland

b) der Deutsche Gewerkschaftsbund

c) der Deutsche Kinderschutzbund

Der Deutsche Kinderschutzbund kümmert sich seit seiner Gründung 1953 um das Wohl von Kindern und Familien – aber er propagierte den genannten Slogan ebenso wenig wie die Evangelische Kirche in Deutschland. Tatsächlich war es den Gewerkschaften vorbehalten, die Forderung nach dem Ort des Familienvaters am Wochenende unters Volk zu bringen. »Samstags gehört Vati mir« war das offizielle Motto des Deutschen Gewerkschaftsbundes, mit dem dieser die Kampagne für eine langfristige Arbeitszeitverkürzung in Angriff nahm. Das Ziel war eine wöchentliche Arbeitszeit von 40 Stunden – und dies möglichst bei einer 5-Tage-Woche.

Heute klingt diese Forderung verständlich – auch wenn in Deutschland gegenwärtig die Arbeitszeit (jedenfalls für die, die Arbeit haben) wieder ansteigt. Aber in den 50er Jahren war diese Forderung für viele eine reine Utopie. Gleichwohl schlugen die Gewerkschaften damit ihren Weg für eine Arbeitszeitverkürzung ein, der langfristig tatsächlich die Arbeits- und Freizeitwelt der Deutschen veränderte: Betrug im Jahr 1956 die Wochenarbeitszeit bei Arbeitern und Angestellten durchschnittlich noch über 47 Stunden, sank dieser Wert erst gut 20 Jahre später auf fast 40 Stunden. Also auch für das Wirtschaftswunder galt: »Von nichts kommt nichts« – der Wohlstand wurde hart erarbeitet. Bei der Gelegenheit sei noch erwähnt, dass die Gewerkschaften schließlich auch dafür sorgten, dass es einen tariflichen Anspruch auf Urlaubsgeld gab.

Nicht nur die Westdeutschen konnten zunehmend die Früchte ihrer Arbeit genießen, auch in Ostdeutschland verspürten die Menschen einen gewissen wirtschaftlichen Aufschwung, der allerdings nie ein vergleichbares Niveau erreichte. Doch die DDR-Führung wollte den Erfolg des »ersten sozialistischen Arbeiter- und Bauernstaates auf deutschem Boden« unbedingt nach außen sichtbar zeigen. Und so wurde auch im Osten fleißig gebaut. Die protzig-prunkvolle »Stalinallee« in Ost-Berlin oder die »Stalinstadt«, die später dann in Eisenhüttenstadt umbenannt wurde. Zugleich trat der Plattenbau seinen zweifelhaften Siegeszug an – nicht immer schön anzusehen, verschafften die Neubauten aber doch vielen Menschen eine für damalige Zeiten moderne und erschwingliche Wohnung.

> *»Auferstanden aus Ruinen*
> *Und der Zukunft zugewandt,*
> *Lass uns dir zum Guten dienen,*
> *Deutschland, einig Vaterland.*
> *Alte Not gilt es zu zwingen,*
> *Und wir zwingen sie vereint,*
> *Denn es muss uns doch gelingen,*
> *Dass die Sonne schön wie nie*
> *Über Deutschland scheint.«*
>
> (erste Strophe der DDR-Nationalhymne
> mit dem Text von Johannes R. Becher)

»Auferstanden aus Ruinen« hieß es in der DDR-Nationalhymne – und tatsächlich erschien es vielen durchaus noch möglich, dass der Sozialismus einen funktionierenden Staat hervorbringen könnte. Im Mai 1958 wurde in Ostdeutschland immerhin ein drastisches Symbol der Nachkriegszeit abgeschafft: die Lebensmittelkarte. Mit der Chance auf mehr Konsum versuchte die SED, die Menschen im Land zu halten. Und tatsächlich gingen die Flüchtlingszahlen im folgenden Jahr auf den niedrigsten Stand seit der Staatsgründung zehn Jahre zuvor zurück.

Der Duft des Sozialismus? Verkäuferin und Kundin in der Kosmetikabteilung eines HO-Kaufhauses in Ost-Berlin 1951

Doch das war nur eine Momentaufnahme – tatsächlich sollten zwischen 1949 und 1961 fast 2,7 Millionen Menschen von Ost- nach Westdeutschland flüchten, während im gleichen Zeitraum wohl um die 500.000 den umgekehrten Weg gingen.

Für die noch immer labile DDR-Wirtschaft war das eine ruinö- se Entwicklung, vor allem, weil sich viele gut ausgebildete Men- schen absetzten, die im Westen einfach bessere Chancen für sich und ihre Familien sahen. Es zeigt sich, wie sehr die Zeit des Wirt- schaftswunders also auch der Moment in der Geschichte war, in dem die deutsch-deutsche Teilung weitgehend besiegelt wurde. Die Gründung zweier Staaten 1949 und die Einführung von zwei Währungen gehörten dazu sowie die Zugehörigkeit zu zwei verfeindeten Militärblöcken – und schließlich 1961 der aberwitzige Schritt, die DDR durch Mauer und Stacheldraht von Westdeutschland abzuschotten.

> »Ich verstehe Ihre Frage so, dass es in Westdeutschland Menschen gibt, die wünschen, dass wir die Bauarbeiter in der Hauptstadt der DDR dazu mobilisieren, eine Mauer aufzurichten ... Niemand hat die Absicht, eine Mauer zu errichten.«
>
> (Walter Ulbricht am 15. Juli 1961 – vier Wochen vor dem Mauerbau)

Dass die Sonne schön wie nie über Deutschland schien – wie es in der DDR-Hymne hieß –, konnte jetzt beim besten Willen keiner mehr behaupten. Und damit auch niemand auf die Idee kam, einen Gedanken an das in der dritten Strophe von Johannes R. Becher einst genannte »Deutschland einig Vaterland« zu verschwenden, wurde es in der DDR kurzerhand untersagt, den Text der Hymne zu singen. Wo es zwei deutsche Staaten gab, sollte niemand von einem einigen Vaterland singen. Dabei ist es dann bis 1989 geblieben – und dann verschwand auch noch die Musik. Der Gerechtigkeit halber muss man sagen, dass nicht nur die Ostdeutschen den Text ihrer Hymne verloren, immerhin bekamen die Westdeutschen auch eine Hymne – nämlich das »Lied der Deutschen«, von dem bei offiziellen Anlässen auch nur eine der insgesamt drei Strophen gesungen werden durfte und darf. So richtig leicht hatten und haben es die Deutschen mit ihren klingenden Staatssymbolen wirklich nicht.

Was gute oder schlechte Musik und Unterhaltung anging, drehte sich in Westdeutschland längst das Unterhaltungskarussell auf Hochtouren. Nicht nur der Schlager machte die Musik dazu, sondern zunehmend auch der Rock 'n' Roll. Die Eltern waren entsetzt über die vermeintliche »Negermusik«, und als die ersten

»Halbstarke«: Bei einem Konzert des amerikanischen Sängers Johnnie Ray kommt es im Mai 1958 im Berliner Sportpalast zu einem ordentlichen Krawall.

sogenannten »Halbstarken« in Erscheinung traten und bei regelrechten Halbstarkenkrawallen Stühle und Steine flogen, war die westdeutsche Gesellschaft empört. Der jugendliche Horst Buchholz hat in seiner Hauptrolle im Film »Die Halbstarken« 1956 diese Figur besonders publikumswirksam erfüllt – und sein junges Publikum identifizierte sich mit dem jungen Rebellen übrigens so sehr, dass es nach der Vorführung des Filmes gerne mal das eine oder andere Kino demolierte.

Aber für den wirklichen, das ganze Land bewegenden Skandal sorgte in jenen Jahren ein ganz anderes Ereignis ...

Was sorgte 1957 für einen bundesweiten Skandal?

a) der Abriss von »Onkel Toms Hütte«

b) der Mord an dem »Mädchen Rosemarie«

c) der Schlager »Junge, komm bald wieder«

Niemand hatte die Absicht, »Onkel Toms Hütte« abzureißen, was bei einem Roman aus dem 19. Jahrhundert auch eine schwierige Sache gewesen wäre. Und keine große Aufregung verursachte Freddy Quinn mit seinem Lied vom Jungen, der hoffentlich bald wiederkommen möge – außerdem wurde die gleichnamige Platte erst 1963 vorgestellt. Für den Skandal sorgte tatsächlich ein ziemlich grausiges Ereignis, nämlich der Mord an Rosemarie Nitribitt.

Am 1. November 1957 wurde die 24-Jährige tot in ihrer Wohnung in Frankfurt am Main aufgefunden. Sie war – so wurde schnell bekannt – eine außerordentlich erfolgreiche Prostituierte. Ebenso schnell war in den Zeitungen zu lesen, Rosemarie Nitribitt habe einschlägige Kontakte zu führenden Männern in Wirtschaft und Politik unterhalten – da war der Skandal da. Die Medien zeichneten nach und nach ein illustres Bild von dem leichten Mädchen. Besondere Beachtung fand ihr extraordinäres Auftreten: Schließlich war sie mit einem sündhaft teuren schwarzen Mercedes mit roten Ledersitzen durch die Stadt gekurvt.

> *»Die reichen Männer stellten nicht nur fest, dass dieses Mädchen teuer war, weil es einen teuren Wagen fuhr, den Wagen, den sie selbst fuhren oder hätten fahren können, wenn sie gewollt hätten; sie sahen auch angesichts dieser schamlosen und radikalen*

Person im offenen Wagen eine Art körperlicher Ver-
einigung in Permanenz zwischen einem blonden
Mädchen und einem schwarzen Auto, ausgeführt auf
offener Straße, mitten in Frankfurt, und wenn sie sich
dessen auch nicht bewusst waren, so gerieten sie doch
spontan in einen Zustand, in dem sie gierig wurden,
die Rolle des Wagens zu übernehmen, und glaubten
plötzlich ebenfalls über 105 PS zu verfügen, oder viel-
mehr: über 105 Männerstärken.«

(der Schriftsteller und Journalist Erich Kuby 1958 in seinem
Roman »Rosemarie – des deutschen Wunders liebstes Kind«)

Das Schicksal der Nitribitt fand nicht nur Eingang in die Litera-
tur, sondern auch in die Filmwelt: 1958 entstand der Streifen
»Das Mädchen Rosemarie« (mit Nadja Tiller in der Hauptrolle).
Er zeigte eine kindliche Lebedame, die von den Männern der so-

Ihre Kunden waren reich und einflussreich – Rosemarie Nitribitt profitierte davon und
zeigte sich gerne mit ihrem Mercedes-Cabriolet auf den Straßen Frankfurts.

genannten »besseren« Kreise umworben, bezahlt und ausgenutzt wurde. Das brave Adenauer-Deutschland gab sich empört, dass hier ein leichtes Mädchen zum Symbol des neuen Wohlstands herhalten musste. Doch Empörung hin oder her: Die neuen und alten Reichen hielten sich damals wie heute ihre Edelprostituierten – und taten (und tun) bei Entdeckung entrüstet. Der Mord an Rosemarie Nitribitt wurde übrigens nie aufgeklärt …

Nun zeigte das Beispiel vom »Mädchen Rosemarie« recht deutlich, dass sich solche für viele Herren peinliche Geschichten nicht vor der Öffentlichkeit verbergen ließen, wenngleich zumindest die Wahrheit über den Mord ja nie ganz herauskam. Die Medien hatten sich längst zu einem freien und mächtigen Faktor der westdeutschen Gesellschaft entwickelt. Und doch war die Adenauer-Ära zugleich eine Zeit erstaunlicher Zensurmaßnahmen des Staates oder von ihm beeinflusster Einrichtungen: Die »Bundesprüfstelle für jugendgefährdende Schriften« setzte in dieser Zeit 1.600 Druckerzeugnisse auf den Index, die »Freiwillige Selbstkontrolle der Filmwirtschaft« verbot rund 150 Filme und ordnete bei mehr als 900 Filmen Schnitte an.

Weit verbreitet war die Einschätzung, die Deutschen seien in ihrer großen Mehrheit von politischer und jeder anders gearteten Verführbarkeit bedroht. So sollten in Westdeutschland etwa sexuelle oder auch kommunistische Reize vom Volke ferngehalten werden. Große Mühe verwendete man aber auch darauf, die NS-Vergangenheit zu verdrängen. Hier sorgten Eingriffe in Filme für entsprechende »Korrekturen«, etwa wenn deutsche Kriegsverbrechen thematisiert wurden. Auch die Synchronisation ausländischer Filme bot da eine günstige Gelegenheit zum Vertuschen. In »Casablanca« beseitigten die deutschen Bearbeiter nicht nur die Rolle eines SS-Majors. Sie verwandelten außerdem den Widerstandskämpfer Victor Laszlo (das ist der, den Ilsa schließlich ihrem früheren Geliebten Rick vorgezogen hat – nun ja: »As Time Goes By«) kurzerhand in einen Forscher, damit dem deutschen Kino-Publikum die Thematisierung der Gestapo und des KZs erspart werden sollte …

»Kurz nachdem wir geheiratet hatten, ging Victor zurück in die Tschechoslowakei. Sie brauchten ihn in Prag, aber dort wartete die Gestapo auf ihn. Nur zwei Zeilen in der Zeitung: Victor Laszlo verhaftet, in ein Konzentrationslager gebracht ...«

(»Casablanca« – aus der deutschen Synchronfassung von 1978)

»Wir waren kaum verheiratet, als Victor die Delta-Strahlen entdeckte. Und du weißt, was dann passierte, ich war schon nach Paris vorausgefahren. Ich ahnte, dass sie ihn verhaften würden, aber eins hab' ich nicht erwartet – er bekam 20 Jahre wegen Sabotage ...«

(»Casablanca« – aus der deutschen Synchronfassung von 1952)

Viele alte Nazis machten in der neuen Bundesrepublik Karriere – und wie wir heute wissen, machten es sich auch im Osten so manche von ihnen in neuem politischem Gewand bequem. Selbst Konrad Adenauer musste sich heftige Kritik gefallen lassen, weil er sich Hans Globke als Berater ins Kanzleramt holte – und damit just jenen Juristen, der wegen seiner Mitwirkung an der Kommentierung der Nazi-Rassengesetze im In- und Ausland scharf angegriffen wurde.

Wenn auch die Persönlichkeit Adenauers für diese Jahre der Bundesrepublik politisch fraglos entscheidend war, das Symbol des wirtschaftlichen Aufschwungs ist bis heute ein anderer Mann: nämlich Ludwig Erhard. Als »Vater des Wirtschaftswunders« genießt er noch immer die Anerkennung der Deutschen. Er war es schließlich, der die westdeutsche Währungsreform von 1948 vorbereitete, ehe er ab 1949 so erfolgreich das Bundeswirtschaftsministerium führte. Und ganz nebenbei fand der Mann mit der Zigarre auch noch Zeit, ein Buch zu schreiben ...

Mit welchem Titel war Ludwig Ehrhard als Sachbuch-Autor erfolgreich?

a) »Wohlstand für alle«

b) »Reichtum für viele«

c) »Keine Macht für niemand«

Ludwig Erhard, der Mann hinter der D-Mark

Also die anarchistische Parole »Keine Macht für niemand« hätte so gar nicht zu dem Wirtschaftsminister gepasst – und sie fand auch erst sehr viel später in linken Kreisen durch die Band »Ton Steine Scherben« Verbreitung, die 1972 einen entsprechenden Song produzierte. Und auch unter dem Titel »Reichtum für viele« publizierte Erhard nicht – so ganz hätte der nämlich nicht seinen wirtschaftspolitischen Kurs getroffen. Sehr gut passte aber die Formulierung vom »Wohlstand für alle«. Ludwig Erhard propagierte die »soziale Marktwirtschaft«, in der bekanntlich die Freiheit des Marktes durch staatliche Maßnahmen begrenzt werden soll. Der Aufschwung im Nachkriegsdeutschland brauchte also nur die richtigen Bedingungen, hätte Erhard gesagt – und von einem Wirtschafts-»Wunder« wollte er deshalb lieber gar nicht sprechen ...

> *»Weil ich alle Erfolge, die mittels meiner Wirtschaftspolitik errungen wurden, auf das Tun und Lassen der beteiligten Menschen zurückführe, bin ich übrigens auch nicht geneigt, den Begriff des »deutschen Wunders« gelten zu lassen. Das, was sich in Deutschland in den letzten neun Jahren vollzogen hat, war alles andere als ein Wunder. Es war nur die Konsequenz der ehrlichen Anstrengung eines ganzen Volkes, das nach freiheitlichen Prinzipien die Möglichkeit eingeräumt erhalten hat, menschliche Initiative, menschliche Energien wieder anwenden zu dürfen.«*
>
> (Ludwig Erhard in seinem Buch »Wohlstand für alle« 1957)

Nach Adenauers Rücktritt 1963 zog der beliebte Erhard schließlich noch in das Kanzleramt ein. Vom Vater des Wirtschaftswunders erwarteten sich die Deutschen nun neuen Schwung für die ganze Politik. Doch als das Land 1966 glaubte, eine wirtschaftliche Rezession zu erleben, geriet der neue Kanzler ins Wanken. Zwar gab es im ganzen Land nur – aus heutiger Sicht unglaublich wenige – 160.000 Arbeitslose, doch das Bewusstsein einer

»Krise« war da. Und für Ludwig Erhard wurde entscheidend, dass man ihm nicht mehr zutraute, das Land kraftvoll zu führen. Zuerst verließen die FDP-Minister die Koalition mit der CDU/CSU, dann zwang ihn die eigene Partei zum Rückzug. Am 1. Dezember 1966 trat der 69-jährige Ludwig Erhard als Bundeskanzler zurück. Damit war die Zeit des Wirtschaftswunders endgültig vorbei.

Was bekanntlich folgte, war eine Große Koalition. Mit ihr glaubten Union und SPD, den Herausforderungen im Lande besser begegnen zu können – ganz so wie heute ...

Tipps zum Weiterlesen:

Rudolf Großkopff: Unsere 50er Jahre. Wie wir wurden, was wir sind, Frankfurt/Main 2005. Ein unterhaltsames und inhaltlich verlässliches Lesebuch.

Hermann Glaser: Kleine deutsche Kulturgeschichte. Eine west-östliche Erzählung vom Kriegsende bis heute, Frankfurt/Main 2004. Ein kenntnisreicher und ausgesprochen lesenswerter Überblick.

Bildnachweis

Seite 9
© bpk Arthur Marx

Seite 11
links: © akg-images/Jérôme da Cunha
rechts: © DEROUBAIX JEAN-FRANCOIS/GAMMA/laif

Seite 14
© ÖNB/Wien, Bildarchiv, 152189-B

Seite 16
© dpa Picture-Alliance/IMAGNO/Austria

Seite 19
© INTERFOTO/Mary Evans

Seite 24
© SV-Bilderdienst/Scherl

Seite 27
© Charles & Josette Lenars/CORBIS

Seite 30
© bpk/Dietmar Katz

Seite 33
© akg-images/Bildarchiv Monheim

Seite 34
© INTERFOTO/Bildarchiv Hansmann

Seite 35
© akg-images/Peter Connolly

Seite 38
© 2007 Les Éditions Albert René / Goscinny-Uderzo

Seite 41
© akg-images

Seite 42
© akg-images/Electa

Seite 45
© akg-images

Seite 47
beide: © Stiftung Schleswig-Holsteinische Landesmuseen/Schloß
Gottorf/Wikingermuseum Haithabu